Glücksgedanken für die Seele

Glücksgedanken für die Seele

HERDER

FREIBURG · BASEL · WIEN

Herausgegeben von
Sylvia Müller und Ulrich Sander

Inhalt

Zum Geleit: Das Glück

Anselm Grün

In meiner Jugend habe ich berühmten Vorbildern nachgeeifert. Vorbilder haben einen Sinn. Sie werden zwar im Laufe eines Lebens wechseln – und sollen das auch. Aber ein motivierender Ansporn bleibt auf jeden Fall. Aber: Wenn ich nur auf sie fixiert bin, werde ich nie mit mir zufrieden sein können.

Heute bin ich dankbar für das, was ich bin. Natürlich kenne ich manchmal noch Gedanken wie: „So gut möchte ich formulieren können wie …" Doch wenn ich das merke, dann versuche ich, bei mir zu sein und mir vorzusagen: „Ich bin ich. Und es ist gut so, wie ich bin. Ich tue das, was für mich stimmt."

Wenn es mir dann gelingt, ganz im Einklang mit mir selbst zu sein und dankbar anzunehmen, was Gott mir an Fähigkeiten gegeben hat, aber auch dankbar zu sein für die Grenzen, die ich wahrnehme, dann ahne ich, was wirkliches Glück ist.

Ich sitze da, atme ein und aus und genieße es, das Leben zu spüren, mich in meiner Einmaligkeit wahrzunehmen. Dann schmecke ich das Leben, dann koste ich das Glück. Ich muss nichts gewaltsam oder verbissen ändern, nicht ständig an mir arbeiten.

Ich bin der, der ich bin, von Gott so geformt und gebildet, in seiner Liebe geborgen, bedingungslos bejaht. Dann ist Frieden in mir.

Dann ist alles gut.

1
Das Glück hat viele Gesichter

Das Glück jedes Tages

Versag dir nicht das Glück,
das dieser Tag mit sich bringt.
An der Lebenslust,
die dir zusteht,
geh nicht achtlos vorbei.
Weisheit der Bibel

Glückliche Menschen

Glückliche Menschen sind frei von Gier und dankbar für jede Gabe. Sie brauchen nur wenig, um glücklich zu sein. Sie haben in ihrem Herzen ein Paradies, da ist die ganze Welt willkommen.

Glückliche Menschen haben ein weites Herz und viel Verständnis. Sie geben ihren Mitmenschen Raum, dass der eine so und der andere anders sein kann und Freiheit für den eigenen Lebensrhythmus findet.

Glückliche Menschen machen sich gegenseitig Mut. Sie sind voller Hoffnung an der Grenze des Lebens, frei von Ängsten und Begierden, voller Freude auf die Geborgenheit eines unsterblichen Lebens.

Glückliche Menschen sind niemals gefährliche Menschen.

Phil Bosmans

Wirkliches Glück

Ob ich wirklich glücklich sei, fragte mich meine ehemalige Nachbarin.

Wirklich glücklich? Monatelang lässt mich diese Frage nicht mehr los. Langsam wachse ich durch das Leben in Antwortversuche hinein.

Ich bin glücklich, wenn ich frühmorgens staune über das Vogelgezwitscher. Glücklich bin ich, wenn ich nach völliger Verkrampfung endlich weinen kann. Ich bin glücklich, wenn ich zärtlich berührt werde, wie wenn es das erste Mal wäre. Glücklich bin ich, wenn ich durch eine Patenschaft einem Kind in Bolivien eine Ausbildung ermöglichen kann. Ich bin glücklich, wenn ich Worte finde für das Geheimnis unseres Lebens. Ob ich wirklich glücklich bin?

Pierre Stutz

Was ist das Glück?

Ein glückliches und in jeder Hinsicht gelingendes Leben, das wünschen wir uns alle. Aber was ist eigentlich „Glück"? Die einen sehnen sich nach einer vollendeten und damit zugleich krisensicheren Partnerschaft, die anderen nach Gesundheit oder unermesslichem Reichtum, der keine Wünsche offen lässt. Wie oft aber verwechseln wir das Glück des „Habens", also der Anhäufung kontrollierbarer Dinge wie zum Beispiel materieller Gegenstände, mit dem Glück des „Seins", der im tiefsten Herzen spürbaren inneren Freiheit und Unabhängigkeit, die uns ermöglicht, uns an uns selbst und an der Fülle unserer Fähigkeiten und Begabungen zu erfreuen.

Wir können uns von Tag zu Tag darin einüben, die schöpferischen Kräfte in uns selbst aufzuspüren, um uns dadurch selbst auszudrücken und auf vielfältige Art und Weise zur Sprache kommen zu lassen. Wenn wir wieder mehr in unsere Tiefe hineinfühlen und wahrzunehmen lernen, welche Schätze in unserer eigenen Seele ruhen, dann werden wir eine leise Ahnung davon bekommen, dass der eigentliche Reichtum unseres Lebens weder in einer Fülle von materiellem Überfluss noch in grenzenlosem Erfolg liegt.

Dann werden wir ein Gespür dafür entwickeln, dass der Schatz unseres Lebens tief in uns selbst verborgen ruht und nur darauf wartet, im Laufe der uns zur Verfügung stehenden Jahre gehoben zu werden.

Christa Spilling-Nöker

Leichter leben lernen

Glück heißt leben lernen. Es geht darum, „leichter“ leben zu lernen, das heißt: auf eine nicht ganz so „schwere“ Art und Weise, wie wir es manchmal probieren. Und es geht darum, mit „leichterem“ Gepäck zu leben, also nicht so voll bepackt, wie wir oft unterwegs sind. Das Leben wagen, sich den Wind um die Nase wehen lassen: Das ist nur möglich, wenn wir bereit sind, aufzubrechen und loszugehen! Wie aber soll man losgehen, wenn man um sich herum den ganzen Plunder eines Lebens aufgehäuft hat und argwöhnisch darauf schaut, dass einem niemand etwas wegnimmt?

Eigentlich ist es vollkommen einsichtig: Wer wenig hat, ist flexibler. Es macht einen Unterschied, ob ich in die erste eigene Wohnung einziehe und sieben Umzugskartons habe, einen Schreibtisch und ein Bett – oder ob ich ein gesamtes Haus „umziehen“ muss:

vom Weinkeller über die Gartengeräte bis hin zu den Kisten auf dem Speicher mit dem alten Spielzeug der Kinder und sechzig Bücherkartons noch dazu ...

Wer wenig hat, kann schneller aufbrechen und losgehen – und je mehr wir haben, umso eher überlegen wir uns gut, ob wir wirklich die Mühe auf uns nehmen. Die Versuchung ist groß, dann lieber da zu bleiben, wo man schon immer war. Ich habe die Lektion vor einigen Jahren bei der Vorbereitung meiner Pilgerschaft auf dem Jakobsweg gelernt. In mein Tagebuch habe ich geschrieben:

„Gerade habe ich den Rucksack wieder ausgepackt – 15 Kilogramm, das ist eindeutig zu viel, damit komme ich nie zu Fuß nach Santiago de Compostela. Und dabei hatte ich doch schon bei der Erstellung der Packliste versucht, mich auf das Notwendigste zu beschränken. Es hilft alles nichts, ich muss diesen Stapel irgendwie um ein Drittel reduzieren. Grübelnd schaue ich mir das Durcheinander in meinem Wohnzimmer an. Was brauche ich für sechs

Wochen Wanderung? Plötzlich geht mir ein Licht auf. Bei der Erstellung der Packliste habe ich mich von der Frage leiten lassen: Was könnte ich möglicherweise brauchen? Ich habe mir alle möglichen Situationen vorgestellt, in die ich kommen könnte, und wollte mich entsprechend absichern. Und so tauchte plötzlich die Salbe gegen Zerrungen auf der Liste auf und das Blasenpflaster und das vierte T-Shirt und und und ... Die richtige Frage müsste vielmehr heißen: Was brauche ich jetzt wirklich? ... Der Weg hat mir seine erste Lektion erteilt, noch bevor ich aufgebrochen bin."

Glück heißt: leichter leben lernen. Es geht darum, das loszulassen, was mich bindet, was mich am Aufbruch hindert – um leichter dem Leben entgegenzugehen. Das wäre eine wirkliche Einübung in gelingendes Leben: Mich bewusst immer wieder einmal von einer Sache zu trennen, von der ich mich bisher nicht trennen konnte. Damit ich mit leichtem Gepäck aufbrechen kann: dem Leben entgegen.

Andrea Schwarz

Das Glück geht eigene Wege

Wie oft habe ich mich auf die Suche nach dem Glück gemacht und war mir nicht ganz sicher, wo es zu finden ist! Doch das Glück geht eigene Wege, ist oben oder unten, langsam oder schnell und kommt meist völlig unerwartet. Ich kann es nicht einfangen und überlisten. Ich kann es nicht einmal festhalten. Aber ich kann es ganz bestimmt immer wieder erleben und mich von ihm beschenken lassen. Ich muss Niederlagen verkraften und mich gegen Angriffe verteidigen. Ich versuche, mich durchzusetzen und Erfolg zu haben und gleichzeitig liebevoll und menschlich zu bleiben. Ich muss mich den Herausforderungen einer immer schnelleren Welt stellen. Doch manchmal ziehe ich mich von allem Kampf zurück. Ich liege auf einer Wiese, träume in der Sonne oder lade all meine Sorgen im Gebet ab.

Rainer Haak

Die Suche nach Glück

Wenn wir von „Glück“ sprechen, dann zeigt schon unser Sprachgebrauch eine doppelte Bedeutung an. Einmal sagen wir „Ich habe diesmal gewaltig Glück gehabt!“ und meinen einen ganz ungewöhnlichen Zufall, dass wir zum Beispiel ein Preisausschreiben oder im Lotto gewonnen haben oder mit knapper Mühe einer Unfallkatastrophe entgingen. Solches Glück „hat“ man oder man hat es nicht, äußerstenfalls hat man „Pech“ gehabt. Wer jedoch nicht in der Lotterie gewonnen hat, braucht deshalb nicht im strengen Sinn unglücklich zu sein. Damit kommen wir auf die zweite Bedeutungsnuance, wenn wir sagen: „Ich bin glücklich.“ Dies bedeutet eine Verfassung des menschlichen Daseins, darin das Verhältnis zu uns selbst, zur Mit- und Umwelt in einem erfüllten Gleichgewicht steht. Der Mensch findet sich dadurch bejaht, bestätigt und getragen. Freude, Heiterkeit und ein Lied können Ausdruck solchen Glücks sein.

Zwei Elemente spielen in diesem Glücklichsein eine wichtige Rolle: Wahres Glück ist etwas, das wir nicht schlechthin machen oder herstellen können. Es ist in seinem Eintreffen und in seinem Ursprung unserer Verfügungsgewalt entzogen. Man könnte dies die *Okkasionalität*, aber auch den *Spielcharakter* des Glücks nennen. Dieser kann verschieden gedeutet werden, sodass die Menschen sagen: Das Glück sei launisch, es narre, das Glück sei einem hold, einer hat mehr Glück als Verstand.

Nun gibt es aber darin zugleich eine andere Bedeutungskomponente, die uns davor warnt, das Glück nur als ein rein „von außen" auf uns zukommendes Ereignis zu verstehen. Wir sagen ja auch, dass jeder seines Glückes Schmied ist, dass man sein Glück probieren muss und dass jemand sein Glück machen kann. Man kann sein Glück auch verscherzen, das heißt einen möglichen Erfolg leichtsinnig preisgeben. Man darf sich nicht nur „auf gut

Glück", das heißt blindlings, auf eine günstige Fügung oder einen Erfolg verlassen. Wir können also etwas dazu tun oder etwas lassen, um glücklich zu sein. Beide Elemente, die Unverfügbarkeit und das Beteiligtsein, machen in ihrem undurchschaubaren Zusammenspiel das Rätsel des Glücks aus.

Wenn der Theologe von diesem Glück spricht, denkt er mit Notwendigkeit an das, was die klassischen Traditionen Glückseligkeit und Seligkeit nennen. Wir sind dann meist allzu rasch über das „kleine" Glück des Menschen hinaus und meinen ausschließlich das Heil des Menschen und der Welt, die totale Versöhnung, den ewigen Frieden. Glück hat sicher etwas mit der Hoffnung zu tun, es möge einmal wirklich alles gut sein. Aber darf man sich so auf diese letzte Glückseligkeit konzentrieren, dass man das sogenannte „kleine" Glück des Menschen dabei heruntersetzt?

Die Menschen verbinden heute viele Hoffnungen, Erwartungen und Wünsche mit dem

Wort Glück. Man redet davon nicht erst dann, wenn tatsächlich alles gut sein wird und uns kein Kummer und keine Not mehr bedrängen. Der Mensch ist schon weithin zufrieden, wenn er kleine Oasen des Glücks findet. Er sucht nicht unmittelbar eine total heile Welt. Er sucht etwas Bescheideneres, aber etwas, das ihn hier und jetzt erfüllt, etwas, das ihm sagt, dass es einen Sinn hat, da zu sein, dass es schön ist und gut zu leben. Der eine setzt dafür auf den Erwerb, den Besitz und den Verzehr materieller Güter, ein anderer mehr auf den geistigen Genuss von Werken der Kunst und der Literatur oder auf das Zusammensein mit Menschen, die er liebt. Sicher kann man das, was wir derart finden im Atmen, Gehen und Sehen, auch im Essen und im Trinken, in der Liebe, in der Arbeit und im Spiel – alles dies kann man als ein „kleines" Glück bezeichnen, wenn man es misst an einem vorausgesetzten Heilsverlangen.

In Wahrheit aber ist dieses sogenannte kleine Glück doch wohl das einzig für uns mögliche, und es ist für den, der es als Glück empfängt, alles andere als klein. Es steht niemandem zu, dieses Glück der Menschen in seinen vielen Formen – schon der heilige Augustinus spricht von 288 Meinungen über das Wesen des Glücks im Altertum – herabzuwürdigen und madig zu machen ...

Aber man kann nicht übersehen, dass der Mensch auch daran irrewerden kann, dass er immer das Glück nur in eingeschränkter Weise erreichen kann. Was ist der Mensch, wenn jedes denkbare Glück überholbar und gefährdet bleibt? Ist der Mensch am Ende doch falsch konstruiert? ... Vielleicht versteht man von hier aus am besten die klassische Kennzeichnung, dass die Erfüllung des menschlichen Glückstrebens „jenseitig" ist. Hier geht es um die Erreichung eines Zieles, das der menschlichen Sehnsucht entgegenkommt, sie jedoch zugleich unendlich übertrifft. Dieses Glückstreben verachtet nicht die geschichtliche Erfahrung des Menschen. Es kennt die Härte der Geschichte, ja, Gott hat in

Jesus alle Schicksalsschläge der Menschen auf sich genommen. Da er aber in Anfeindung, Leid und sogar im Tod nicht untergegangen ist, hat er auch für das Leben der Menschen einen letzten Sinn gerettet. Auch das kleine, unvollkommene Glück macht nun nicht mehr heimlich traurig, sondern erweist sich als ein Gleichnis des immerwährenden Glücks. Die Gelassenheit weiß, dass auch dieses Glück nicht festgehalten werden kann.

Karl Lehmann

Glück kennt kein Warum

„Wenn ich drei Apfelsinen sehe, muss ich jonglieren. Und wenn ich zwei Türme sehe, muss ich gehen.“ Diese beachtlichen Worte stammen von dem Seiltänzer Philippe Petit; sie sind die Antwort auf die Frage der Polizei, aus welchem Grund er morgens gegen 7.50 Uhr über das Seil gegangen sei, das mit einer Armbrust von einem Turm des New Yorker Welthandelszentrums zum anderen geschossen worden war. Als Philippe die beiden Türme von Notre-Dame in Paris gesehen hatte, hatte er das Gleiche getan ...

Auf jede noch so unmögliche Frage wollen wir eine Antwort haben. Warum liebst du sie? Im Allgemeinen ist jede Antwort auf eine solche Frage lächerlich. Weil sie so hübsch ist? Weil sie intelligent ist? Weil sie einen so lustigen Pickel auf der Nase hat? Nichts davon ist besonders sinnvoll. Warum sind Sie Mönch geworden? Weil Sie gern beten? Weil Sie die

Stille lieben? Weil Sie gern Brot backen, ohne dabei gestört zu werden? Es gibt einfach keine Antworten auf Fragen dieser Art.

Als sie Philippe Petit fragten, warum er über diesen schaukelnden Draht zwischen den beiden höchsten Türmen der New Yorker Innenstadt balanciere, dachte jeder, er tue es für Geld, zur Werbung oder aus Ruhmsucht. Aber er hat gesagt: „Wenn ich drei Apfelsinen sehe, muss ich jonglieren. Und wenn ich zwei Türme sehe, muss ich gehen." Tatsächlich haben sie Philippe zur psychiatrischen Untersuchung in ein städtisches Krankenhaus gebracht. Aber es hat sich bald herausgestellt, dass Philippe so gesund wie nur irgendmöglich war.

Er hat die einzig richtige Antwort gegeben. Es gibt ein inneres „Müssen", ein inneres Gedrängtwerden oder einen inneren Ruf, der alle diese Fragen beantwortet, die man nicht erklären kann. Man bekommt niemals eine befriedigende Antwort, wenn man einen Mönch fragt, warum er Mönch geworden ist.

Genauso wenig geben uns Kinder eine Erklärung, wenn wir sie fragen: „Warum spielt ihr Ball?“ Sie wissen, dass es darauf keine Antwort gibt, außer: „Wenn ich einen Ball sehe, muss ich damit spielen.“

Henri Nouwen

Möge das Glück dich begleiten

Mögest du arm sein an Unglück
und reich an Segen,
langsam im Zorn, schnell in der Freundschaft.
Doch ob arm oder reich, langsam oder schnell,
von heute an möge nur das Glück
dich begleiten.

Irischer Segenswunsch

Mach einen Menschen glücklich

Ein Geschäftsmann wollte vom Meister wissen, was das Geheimnis eines erfolgreichen Lebens sei.

Sagt der Meister:

„Mach jeden Tag einen Menschen glücklich!"

Und er fügte als nachträglichen Gedanken hinzu: „... selbst wenn dieser Mensch du selber bist."

Nur wenig später sagte er:

„Vor allem, wenn dieser Mensch du selber bist."

Der einzige Fortschritt, den es gibt, ist der Fortschritt der Liebe.

Die einzige Veränderung, die wert ist, erstrebt zu werden, ist die Veränderung des Herzens.

Anthony de Mello

Liebe ist die Botschaft

Viele Jahre nach der Geburt Jesu wird der Apostel Paulus schreiben: „Nun aber bleiben Glaube, Hoffnung, Liebe, diese drei; aber die Liebe ist die größte unter ihnen“ (1 Korinther 13). Die Liebe ist die größte, weil sie unser Leben übersteigt. Weil sie uns singen und tanzen und jubeln lässt. Weil sie uns träumen lässt. Wenn Gott die Menschen liebt, wie wird es dann aussehen eines Tages bei Gott? Dann wird unser Mund voll Lachen sein. Dann werden alle Tränen abgewischt und der Tod wird nicht mehr sein. Die Hoffnungsvisionen der Bibel, sie sind in der Liebe gegründet.

Margot Käßmann

Liebe:
Trotz allem glücklich sein

Glücklich, wer dort, wo er lebt, ein Zuhause gefunden hat, getragen von der Liebe anderer. Ich denke an Eltern mit einem behinderten Kind, an Menschen, die einen Angehörigen unter großen Opfern zu Hause pflegen.

Ich denke an Menschen, die nach einem Sterbefall oder nach einer Scheidung allein dastehen und nun allein für die Kinder sorgen müssen.

Ich denke an eine Frau, die seit Jahren ihren an multipler Sklerose erkrankten Mann zu Hause betreut.

Sie schreibt: „Es ist spät abends. Ich bin müde, sehr müde, aber glücklich. Manche Menschen werden sagen: Wie ist das möglich mit so einem kranken Mann? Doch ist es so. Wir waren zusammen fünf Monate in der Klinik. Eine lange Zeit? Nein, sie verging schnell, es war so viel zu tun.

Jetzt sind wir wieder zu Hause, und obwohl er sehr schwach und mühsam zu pflegen ist, sind wir doch glücklich."

Woher nimmt diese Frau, woher nehmen so viele andere die Kraft dazu? Warum können diese Menschen trotz allem glücklich sein? Die Liebe macht sie stark.

Phil Bosmans

Unterwegs daheim

Gelassen der Mensch
der sich einlässt auf Beziehungen
und dabei weder von sich noch von anderen
Idealbilder festhält
die die eigene Entwicklung behindern
dadurch wird die Verwurzelung erfahrbar
unterwegs daheim zu sein

Pierre Stutz

Bunter Faden Zärtlichkeit

Es gibt Menschen
die behaupten
Zärtlichkeit
sei doch eigentlich
eine ganz leichte Sache:
ich umarme dich
du umarmst mich
damit gut

so einfach ist das
mit meiner Zärtlichkeit nicht
regenbogenartig bunt
kringelt sie sich
durch mein Leben
manchmal nach innen
manchmal nach außen gerichtet

es gibt Tage
da kann ich
die ganze Welt umarmen

dann wiederum genügt mir
ein einzelner Mensch
und manchmal
oft sogar
bin ich
und mein verrücktes Leben
mir selbst genug

himmelblau kann sie sein
meine Zärtlichkeit
verspielt
ein Du einladend
pechschwarz ist sie
wenn ich keine Worte
keine Geste
für sie finde

mein
schwarz-rot-grün-blau-gelber Faden
Zärtlichkeit
(gelegentlich
von Motten zerfressen)

Andrea Schwarz

Freundschaft – ein Merkmal glücklicher Menschen

Ein Merkmal glücklicher Menschen sind gute Freundschaften. Denn wo sich alles um mich dreht und ich zu Freundschaft und Vertrauen nicht fähig bin, werde ich zum unglücklichen Egoisten. Ich brauche gute, freundschaftliche Kontakte. Sie befreien mich von mir selbst und machen meine „kleine Welt" groß. Darum steht für mich fest: Ich nehme mir Zeit für meine Freundinnen und Freunde. Ich höre zu, was sie zu sagen haben. Ich bin daran interessiert, wie sie denken, fühlen und handeln. Ich freue mich mit ihnen und bin mit ihnen traurig, bin mit ihnen wütend oder lache mit ihnen. Ich renoviere mit ihnen den Keller, und feiere mit ihnen rauschende Feste. Und ich achte darauf, dass in der Hektik des Alltags der Kontakt zu ihnen nicht abreißt.

Rainer Haak

Mensch, ich hab dich gern

Es ist kein Zweiter so wie du. Einzigartig bist du, einmalig, ganz ursprünglich und unwiederholbar. Du glaubst es nicht, aber es ist kein Zweiter so wie du von Ewigkeit zu Ewigkeit. Und jeder Mensch, den du gern hast, bleibt kein gewöhnlicher Mensch. Eine seltsame Anziehungskraft geht von ihm aus. Irgendwie wirst du anders durch ihn. Zu ihm kannst du sogar sagen: Meinetwegen musst du nicht ohne Fehler sein, perfekt und vollkommen. Ich hab dich doch gern.

Phil Bosmans

Mögest du immer einen Freund an deiner Seite haben, der dir Vertrauen gibt, wenn es dir an Licht und Kraft gebricht.

Irischer Segenswunsch

Vom Glück, ein Freund zu sein

Dass du deinen Freunden Vertrauen entgegenbringen kannst, hängt zu einem großen Teil davon ab, dass du selbst von dir überzeugt bist. Wenn du spontan und aus freien Stücken ein Geschenk machen möchtest, frag dich nicht, warum und wieso. Sagt dir nicht: „Vielleicht mach ich dieses Geschenk nur, um selber etwas zu erhalten. Vielleicht schenk ich ihr/ ihm etwas, um damit eine Nähe zu erzwingen, die gar nicht gewünscht wird." Vertrau deiner Eingebung. Lass deinen Freunden die Freiheit, so zu reagieren, wie sie möchten und können. Lass sie ebenso frei entgegennehmen, wie du frei gibst. So wirst du fähig werden, wirkliche Dankbarkeit zu empfinden.

Freundschaften werden umso mehr möglich, als du dich als tief geliebt annimmst. So kannst du mit anderen verbunden sein, ohne sie besitzen zu wollen. Wirkliche Freunde finden dort zu einem inneren Gleichklang, wo beide die Liebe Gottes erfahren, wo Geist zu Geist und Herz zu Herz spricht.

Wahre Freundschaft überdauert, weil wahre Liebe ewig ist. Eine Freundschaft, bei der Herz zu Herz spricht, ist ein Geschenk Gottes. Und kein Geschenk, das von Gott kommt, ist ein nur vorübergehendes oder nur zu einer bestimmten Gelegenheit gegebenes Geschenk. Alles, was von Gott kommt, hat an Gottes ewigem Sein Anteil. Liebe zwischen Menschen – wenn sie von Gott gegeben – ist stärker als der Tod. So betrachtet, überschreitet wahre Freundschaft die Grenzen des Todes ...

Du musst darauf vertrauen, dass jede wahre Freundschaft kein Ende hat: dass alle – ob lebend oder tot –, die Gott und einander aufrichtig geliebt haben, eine Gemeinschaft der Heiligen bilden. Du weißt aus Erfahrung, dass dies eine Realität ist. Menschen, die du sehr geliebt hast und die gestorben sind, leben in dir weiter, nicht nur in der Erinnerung, sie sind vielmehr wirklich gegenwärtig.

Hab den Mut zu lieben, und sei ein wirklicher Freund. Die Liebe, die du gibst und empfängst, ist eine Realität. Sie wird dich immer näher zu Gott und zu denen führen, die er dir gegeben hat, damit du ihnen Liebe schenkst.

Henri Nouwen

3
Mit allen Sinnen glücklich

Eine Welt fürs Glück

Alles, was ist,
hat Gott zum Sein erschaffen.
Jedes Geschöpf der Welt
bringt Segen und Glück.
Weisheit der Bibel

Vom Genuss

Um leben zu können, musst du genießen können. Ich meine nicht die Genuss-Sucht, die viele Menschen krank und zu Sklaven macht, die so viele Menschen ins Unglück stürzt. Um genießen zu können, musst du frei sein. Frei von Gier, frei von Neid, frei von einer Leidenschaft, die dich zerreißt und zerstört.

Wenn du genießen kannst, kannst du lachen. Du freust dich. Du bist dankbar, dass jeden Morgen die Sonne für dich aufgeht. Du kannst selig sein über ein weiches Bett und über eine warme Wohnung. Du triffst freundliche Menschen. Die Freundschaft Gottes kommt dir entgegen in jedem Lächeln, in jeder Blume, in jedem guten Wort, in jeder hilfreichen Hand, in jeder Umarmung. Wenn du kleine Dinge in aller Ruhe genießen kannst, dann wohnst du in einem Garten voller Seligkeit.

Phil Bosmans

Der Weg zum Herzen des Berges

Als ich am Fluss vorbeikam,
merkte der Fluss, dass ich ihn liebend ansah.

Gestern, als ich mich vor der alten Tanne
verneigte,
ließ sie einen Zapfen zu mir herabfallen,
den ich zu Hause auf meinen Arbeitstisch
legte.

Als ich wie ein Bruder
zur dunklen Wolke sprach,
ließ sie plötzlich die Sonne durch.

Die Schlucht hätte sich schließen
und mich erdrücken können,
aber weil ich sie darum gebeten hatte,
wies sie mir den Weg zum Herzen des Berges.

Als ich auf der weiten Ebene stand,
an deren Enden die Welt abfällt,
wollte ich nicht größer sein als sie,
da erhob sie mich und zeigte mir
eine andere Größe als die, die ich kannte.

Als ich den Apfel in die Hand nahm
und seine Vollkommenheit sah,
da begann er von innen zu leuchten.

Ulrich Schaffer

Von der Schönheit

Eine Mutter fährt mit der kleinen Tochter ans Meer, ans karibische Meer. Zum ersten Mal wird das Kind das Meer sehen. Die Mutter hat ihm davon erzählt. Während sie noch im Auto kramt, läuft das Kind neugierig unter die Palmen und über die Sandbänke, und plötzlich sieht es das Meer: Das weite, blaugrüngolden strahlende karibische Meer. Fassungslos rennt es zur Mutter zurück und ruft: „Komm schnell, Mama, komm, hilf mir sehen." Die Schönheit des Meeres – ein Augenpaar, eine Seele allein kann sie nicht fassen. Das Erlebnis von Schönheit ruft nach Mitteilung, will geteilt werden und vertieft sich, wenn es mit anderen gemeinsam erlebt wird. Eine spirituelle Kraft ruft in die Gemeinschaft. Die Ergriffenheit durch ein Wunderwerk der Schöpfung weckt in uns den Wunsch, Teil dieses großen Ganzen zu werden ... Schönem begegnen kann heißen, den Riss erst deutlich zu spüren, der durch die Welt, die Schöpfung geht. Wir sind „jenseits von Eden“ geboren. Hässliches umstellt uns: Rassismus, Zerstörung der Schöpfung, Unfrieden zwischen den Religionen, Hass. Das Schöne lässt uns den Schmerz nicht vergessen, mit dem wir etwas vermissen, lässt ihn uns erst richtig spüren, bringt uns auf die Spur. Mystisch gesprochen: Dass wir Gott vermissen ... Aber da ist auch die Erfahrung, dass mit einem einzigen Blick deiner Augen (Hoheslied 4,9) das Schöne selbst als „das von Gott“ verwandelnd in unser Leben tritt. Es bringt uns zum Singen und Loben. Vom Schönen bewegt Gott zu vermissen, oder auch durch die Erfahrung des Schönen Gott loben. Die Schönheit, die uns Brot und Trost und Freude schenkt. Die uns beflügelt, uns in Geduld harren lässt und den schweren und schönen Weg der Gerechtigkeit gehen.

Bärbel Wartenberg-Potter / Jörn Halbe

Wie munteres Vogelzwitschern

Wie munteres Vogelzwitschern am Morgen
ist Deine Liebe, Gott
Wie Kirchenglocken am Sonntag
ist Deine Liebe, Gott
Wie gelöstes Singen bei einem Glas Wein
ist Deine Liebe, Gott
Wie frisches Wasser an einem heißen Tag
ist Deine Liebe, Gott
Wie ein Brief in einsamer Stunde
ist Deine Liebe, Gott
Wie gutes Bauernbrot für leeren Magen
ist Deine Liebe, Gott
Wie eine Rast am Rand des Waldes
ist Deine Liebe, Gott
Wie ein Spaziergang in den ersten
Frühlingstagen
ist Deine Liebe, Gott
Wie eine zarte Hand nach schwerer Arbeit
ist Deine Liebe, Gott

Wie ein fesselnder Roman am Wochenende
ist Deine Liebe, Gott
Wie Musik von Mozart
ist Deine Liebe, Gott
Wie eine Alpenwiese
an einem späten Sommernachmittag
ist Deine Liebe, Gott

Anton Rotzetter

Alles ist gut

Was ist Glück? Vielleicht nur ein Moment. Tief durchatmen. Alles ist gut. So gut wie es nur sein kann. Jetzt. In diesem Augenblick. Das wahrnehmen, das ist Glück.

Margot Käßmann

Gott hat Humor

Ich lache gern! Und ich spüre immer wieder, wie Lachen befreien kann. Gott hat Humor, davon bin ich überzeugt. Wie sollte Gott sonst auf diese merkwürdige Schöpfung Mensch schauen können, die hin und her schwankt zwischen zerbrechlichem Glück und der Sehnsucht nach Seligkeit ohne Ende, zwischen Krieg und Hoffnung auf Frieden, zwischen Engagement für Gerechtigkeit und dem Unrecht, das doch überall geschieht? Immer wieder brauchen wir Humor – immer wieder auch, um nicht zu verzweifeln.

Margot Käßmann

Vom Lachen

Zum Alltag gehört – hoffentlich ist es so – nicht nur der Ernst der täglichen Arbeit, sondern auch das Lachen. Das Lachen ist eine sehr ernste Sache. Denn es verrät den Menschen oft mehr als seine Worte. Wenn wir hier vom Lachen reden, meinen wir das gute Lachen. Zwar gibt es auch das Lachen der Toren und der Sünder, wie uns der weise Sirach belehrt (Jesus Sirach 21,23; 27,14), ein Lachen, über das der Herr sein Wehe spricht (Lukas 6,25). Dieses Lachen ist hier nicht gemeint. Wir meinen das lösende Lachen, das aus einem kindlichen und heiteren Herzen kommt.

Es kann nur in dem sein, der durch die Liebe zu allem und jedem die freie und gelöste Sympathie hat, die alles nehmen und sehen kann, wie es ist: das Große groß, das Kleine klein, das Ernste ernst und das Lächerliche lachend. Weil es dies alles gibt, und es so, wie es ist, von Gott gewollt ist, darum soll es auch genommen werden, wie es ist, soll nicht alles gleich genommen und das Komische und Lächerliche belacht werden. Das aber kann nur der, der nicht alles an sich misst, der von sich frei ist, jene geheime Sympathie mit allem und jedem besitzt, in und vor der jedes zu seinem Wort kommen kann. Sie aber hat nur der Liebende.

Und so ist das gute Lachen ein Zeichen der Liebe, eine Offenbarung oder Vorschule der Liebe zu allem in Gott. Aber dieses harmlose, unschuldige Lachen der Kinder Gottes ist noch mehr. Auch es ist ein Gleichnis. Die Schrift macht das Lachen, diese kleine Kreatur, von der man meinen müsste, die müsse sich verstummend ins Nichts auflösen, wenn sie die Hallen der Unendlichkeit Gottes betritt, zum Bild und Gleichnis der Gesinnung Gottes selbst. Das Wort der Schrift könnte uns erschrecken, aber sie sagt, dass Gott im Himmel lacht, lacht das Lachen des Sorglosen, des Sicheren und Unbedrohten, das Lachen der göttlichen Überlegenheit über all die grausame Wirrnis einer blutig qualvollen und irrsinnig gemeinen Weltgeschichte, lacht gelassen, fast möchte man sagen unberührt, mitleidig und wissend über das tränenvolle Schauspiel dieser Erde. (Oh, er kann es, weil sein ewiges Wort auch selbst mit uns geweint und alle Gottverlassenheit dieser Welt ausgelitten hat.)

Gott lacht, sagt die Schrift und bezeugt so, dass noch im letzten Lachen, das irgendwo silberhell und rein aus einem guten Herzen über irgendeine Dummheit dieser Welt aufspringt, ein Bild und Abglanz Gottes aufstrahlt, ein Abbild des siegreichen, des herrlichen Gottes der Geschichte und der Ewigkeit, dessen eigenes Lachen bezeugt, dass im Grunde eben doch alles gut wird.

Karl Rahner

Lachen ist gesund

Manche Menschen arbeiten verbissen für ihr Prestige. Mit tödlichem Ernst sind sie von sich selbst erfüllt. Sie rackern sich ab für ihre Fassade. Wenn man das sieht, können sie einem ehrlich leid tun. Die wahre Rangordnung der Lebenswerte stellen sie auf den Kopf und landen im Labyrinth des Egoismus. Was kann man da machen? Lachen!

Lachen ist gesund. Lachen befreit. Humor entkrampft. Die Welt sieht plötzlich anders aus. Viele Dinge sind wirklich nicht so entsetzlich wichtig. Mit Humor können wir auch über unsere Fehler schmunzeln. Mit Humor werden wir frei von übertriebenen Sorgen, die uns an manchen Tagen die Luft abschnüren. Mit Humor wird unser Herz weit, besonders für die Menschen, mit denen wir unter einem Dach leben.

Phil Bosmans

Verbotenes Glück

Als Kind habe ich gelernt, immer brav und folgsam zu sein. Mir wurde beigebracht, dass ich den Eltern und Lehrern nicht widerspreche. Das hat mich tief geprägt, und es ist mir heute noch wichtig, gewisse Regeln zu befolgen. Ich halte mich an die Gesetze. Ich versuche, zu jedem freundlich zu sein. Doch manchmal, so muss ich gestehen, begehre ich gegen die vielen Regeln, Vorschriften, Gesetze und Paragraphen auf. Manchmal ignoriere ich das kleine rote Männchen, wenn weit und breit kein Auto zu sehen ist. Ich ignoriere das Schild „Zutritt verboten" vor dem Eingang des Veranstaltungszentrums und schlendere zum Empfang für Prominente. Ich benutze die Kundentoilette, obwohl ich keine Kunde bin, und manchmal singe ich nachts auf der Straße, obwohl das ganz bestimmt auch verboten ist.

Rainer Haak

Vom Essen und Trinken

Beim Essen und Trinken wirst du daran erinnert, wie abhängig du bist, wie grundsätzlich eingebunden in die Schöpfung, angewiesen auf Lebensquellen außerhalb von dir. Ich kann mich nicht aus mir selbst ernähren, muss eine Substanz einnehmen, die ich nicht bin. Das Leben ist dir gegeben, du hast es nur in der Weise des Empfangens. So werden Essen und Trinken zum Symbol deiner Abhängigkeit von der Schöpfung und letztlich von Gott.

Und soweit es glückliche Erfahrungen sind, verweisen sie auf ein ewiges Erfülltsein, auf unablässigen Genuss, auf ein unverlierbares Glück, letztlich auf die Verheißungen Gottes. Mir fehlt etwas, wenn ich nicht einen gemeinsamen Anfang mit meinen Tischgenossen machen kann, wenn ich nicht einen kurzen Aufblick zum Geheimnis des Lebens tun darf. Aber auch das Essen selbst sollte ein menschlicher Akt werden, etwas für das

Gemüt, für das Herz, für Aug und Ohr. Die Zusammenstellung des Essens aufgrund von Farbe und Geschmack, die Gewürze, die Gänge, das rituelle Geschehen von Vorspeise, Hauptgang und Nachtisch ... alles soll zu einem menschlichen Akt werden. Man muss einmal in Frankreich gewesen sein, um zu erkennen, welche Bedeutung das Essen für die Menschlichkeit des Menschen hat.

Anton Rotzetter

Möge Gott das Wasser in deinem Brunnen nie versiegen lassen.
Möge Gott die Milch deiner Kuh nie versiegen lassen.
Möge Gott die Quelle deiner Wohltaten, die du anderen erweist, nie versiegen lassen.

Irischer Segenswunsch

Von der Leidenschaft

Haben wir nicht alle etwas von jener Leidenschaft für einen anderen erfahren, in der ein Teil unseres Herzens für immer erobert blieb? Wir erinnern uns an die Erregung und die Glut der ersten Augenblicke der Liebe und ebenso an den quälenden Schmerz, wenn wir in der Liebe betrogen oder zurückgewiesen wurden. Oft ist es unser frühes Erwachsenenalter, wenn diese Tiefe leidenschaftlicher Beziehung zum ersten Mal geboren wird. Wozu ist sie uns gegeben, und wie können wir sie in den Rest unseres Lebens einbinden? ... Leidenschaft wird in unserer westlichen Welt zum Teil deswegen so falsch eingeordnet, weil wir uns ausschließlich auf ihre Erscheinungsformen konzentrieren. Die Antwort darauf von Seiten der religiösen Gemeinschaft ist allzu oft gewesen, das wesenhafte Gutsein sexueller Leidenschaft und Freude zu verneinen. Es gab zum Beispiel die Neigung, ein Buch wie das

Hohelied, einen der sinnlichsten literarischen Texte der jüdisch-christlichen Tradition, spirituell umzudeuten. Während dessen leidenschaftliche Liebeslyrik eine unbezwingbare Leidenschaft herausstreicht, die stärker ist als der Tod und so das Körperliche übersteigt, vernachlässigt sie zur selben Zeit nicht, dem sexuellen Ausdruck der Leidenschaft Raum zu geben. Deren Ablehnung hatte zur Folge, dass Energien unterdrückt wurden, die aus der Tiefe dessen fließen, der zu sein wir geschaffen sind. Im Herzgrund des Lebens gibt es einen großartigen Rhythmus der Leidenschaft, der sich in der Sehnsucht nach Einheit in und zwischen allem zum Ausdruck bringt.

Eine Geschichte erzählt von einer Schulleiterin, die ihre Schülerinnen warnte, dass eine Stunde der Lust nicht eine Ewigkeit des Bedauerns aufwiege. Als Antwort hob eines der Mädchen die Hand und sagte: „Bitte, wie schafft man es, dass die Lust auch so lange dauert?" Das ist genau die Frage, die gestellt werden muss. Leidenschaft – äußerlich betrachtet – ist nicht von Dauer, auch wenn sie vielleicht wie besessen ein Leben lang verfolgt wurde. Die Antwort auf begrenzte Vorstellungen von Leidenschaft sollte nicht eine Abwertung des Sexuellen sein, sondern eine vertrauensvolle Hinführung zu Erfahrungsbereichen, die tiefer als das Sexuelle reichen, um achtsam zu werden für die Leidenschaft für das Leben, die im Herzgrund dessen, wer wir sind, erweckt werden kann. Die Erfahrung, wie stark und gut jene Gnade ist, ist der Anfang davon, ihre vielfältigen äußeren Ausdrucksformen ins rechte Licht zu rücken. Tiefe innere Leidenschaft ist wie ein mächtiger Fluss, der in vielen Strömen und Bächen ausläuft.

Sexuelle Leidenschaft ist nur einer davon und mag vielleicht nicht notwendigerweise ausgeübt werden – aber wenn, dann lasst sie uns feiern als reinen und tiefen Strom!

Philip Newell

Leben in Fülle

Leben in Fülle – das ist kein Quantitätsbegriff, nicht die „Menge" ist gemeint, sondern es ist ein Qualitätsbegriff, es geht um „Tiefe". Es ist eben nicht wichtig, möglichst viel zu erleben, möglichst alles zu haben, möglichst überall dabei gewesen zu sein. Nicht mein Machen und Tun sind gefragt, sondern mein Sein, eine Art und Weise, mein Leben zu leben: bei dem, was ich tue, bei dem, wie ich bin, ganz dabei zu sein, mich zu spüren, zu erleben. Es geht darum, sich noch freuen zu können, wenn der erste Krokus blüht (und es überhaupt wahrzunehmen!). Es geht darum, das Gesicht in den Wind zu halten, sich an der Nähe eines Menschen zu freuen. Es geht darum, das, was ich tue, ganz zu tun, das was ich bin, ganz zu sein.

Andrea Schwarz

4

Vom Glück in den schweren Stunden des Lebens

Segenswunsch

Der Ewige segne dich und behüte dich.
Der Ewige lasse sein Angesicht über dir leuchten und sei dir zärtlich zugetan.
Der Ewige hebe sein Angesicht hin zu dir und schenke dir Frieden und Glück.

Weisheit der Bibel

Bist du glücklich?

Auf die mir gestellte Frage
ob ich glücklich sei

muss ich vorerst die Antwort
schuldig bleiben

mein Leben lässt sich
mit einem „Ja“ oder „Nein“
heute
nicht einfangen

Andrea Schwarz

Vom Glück der Bewusstheit

Kehren Sie heim zu sich selbst, beobachten Sie sich. Bald brauchen Sie sich gar nicht mehr anzustrengen, denn wenn die Illusionen langsam verblassen, beginnen Sie, Dinge zu erfahren, die sich nicht beschreiben lassen. Man nennt das Glücklichsein. Alles verändert sich, und Sie werden geradezu süchtig nach Bewusstheit.

Beobachten Sie sich einmal: Wenn Sie mit jemandem sprechen, sind Sie sich dessen bewusst oder identifizieren Sie sich einfach damit? Wenn Sie sich über jemanden geärgert haben, waren Sie sich bewusst, dass Sie sich ärgern, oder haben Sie sich einfach mit Ihrem Ärger identifiziert? Haben Sie dann später, als Sie Zeit dazu hatten, Ihre Erfahrung einmal hinterfragt und versucht, sie zu verstehen? Woher kam der Ärger, was hat ihn verursacht?

Ich kenne keinen anderen Weg zu Bewusstheit: Nur was man versteht, lässt sich ändern. Was man nicht versteht, und wessen man sich nicht bewusst wird, verdrängt man. Sie ändern sich nicht. Doch sobald Sie etwas verstehen, ändert es sich.

Immer wieder werde ich gefragt: „Ist diese wachsende Bewusstheit ein langsamer Prozess, oder ist sie mit einem Schlag da?“

Es gibt tatsächlich einige wenige glückliche Menschen, die dies gleichsam blitzartig erkennen. Sie kommen einfach zur Bewusstheit. Andere wachsen nach und nach hinein, langsam, stufenweise, immer mehr. Sie fangen an, etwas zu erkennen. Illusionen verblassen, Wunschbilder werden beiseite gelegt, und sie beginnen, sich den Tatsachen zu stellen. Dafür gibt es keine allgemeine Regel.

Es gibt eine Geschichte von einem Löwen, der auf eine Schafherde stieß und zu seinem großen Erstaunen einen Löwen unter den Schafen fand; einen Löwen, der schon als Junges zu den Schafen gekommen und unter ihnen aufgewachsen war. Er blökte wie ein Schaf und lief herum wie ein Schaf. Der Löwe ging schnurstracks auf ihn zu, und als der Schafslöwe den richtigen Löwen vor sich sah, zitterte er am ganzen Leib. Da fragte ihn der Löwe: „Was treibst du denn hier – unter lauter Schafen?“ Der Schafslöwe antwortete: „Ich bin ein Schaf.“ Der Löwe erwiderte: „Nein, nein, du bist kein Schaf. Du kommst sofort mit mir.“

Darauf führte er den Schafslöwen an einen Teich und sagte: „Schau hinein!“ Und als der Schafslöwe ins Wasser schaute und sein Spiegelbild sah, brüllte er gewaltig auf. Von diesem Augenblick an war der Schafslöwe ein anderer.

Wenn Sie Glück haben und die Götter gnädig sind, oder wenn Ihnen göttliche Gnade geschenkt ist (nehmen Sie irgendeinen theologischen Ausdruck, der Ihnen gefällt), werden Sie sofort verstehen können, wer das „Ich“ ist, und auch Sie werden nie mehr der- oder dieselbe sein. Nichts wird ihnen mehr etwas anhaben können, und niemand wird Sie mehr verletzen können.

Sie werden nichts und niemanden fürchten. Ist das nicht wunderbar? Sie werden wie ein König oder eine Königin leben. Das heißt königlich zu leben und nicht so ein Unsinn, wie Ihr Foto in der Zeitung zu sehen oder eine Menge Geld zu haben. Das ist es wirklich nicht. Sie fürchten niemand, weil Sie vollkommen damit zufrieden sind, niemand zu sein. Erfolg oder Versagen berühren Sie nicht, sie bedeuten Ihnen nichts. Ansehen oder Schande bedeuten alles nichts! Wenn Sie sich lächerlich machen, bedeutet das ebenso wenig. Ist das nicht ein wunderbarer Zustand!

Manche erreichen dieses Ziel mit Mühe und Geduld – Schritt für Schritt, über Wochen und Monate des Bewusstwerdens ihrer selbst. Aber etwas kann ich Ihnen versprechen: ich habe noch niemanden gesehen, der sich dafür Zeit genommen hat, und der nach ein paar Wochen keinen Unterschied bemerkt hätte. Die Lebensqualität ändert sich, und man ist nicht mehr auf Meinungen angewiesen. Man ist anders, man reagiert anders. Genauer gesagt: man reagiert weniger und agiert mehr; man sieht tatsächlich Dinge, die man vorher nicht erkannt hat.

Man hat viel mehr Energie, viel mehr Leben. Viele meinen, wenn sie keine Sehnsüchte hätten, wären sie wie ein Stück Holz. In Wirklichkeit aber würden sie ihre Verspanntheit verlieren. Befreien Sie sich von Ihrer Angst zu versagen, von Ihrer Anspannung, Erfolg haben zu müssen, und Sie werden bald Sie selbst sein. Entspannt. Sie werden dann nicht mehr mit angezogener Handbremse fahren. Genau das wird geschehen.

Anthony de Mello

Gut ist es für den Menschen

Gut ist es für den Menschen,
wenn er sich nicht ein X
für ein U vormachen lässt,
sondern sein Urteil selber bildet,
wenn er nicht ausgetretene Pfade geht,
sondern es wagt,
seinen ganz persönlichen Weg zu gehen,
wenn er nicht mit den Wölfen heult,
sondern sich immer wieder
in die Einsamkeit zurückzieht.

Anton Rotzetter

Vom Glück der Gelassenheit

„Nichts haben, alles besitzen“, so lässt sich die Haltung von Weisen aus allen Religionen, zu allen Zeiten, beschreiben. Nur wer sein Herz an nichts Geschaffenes hängt, wer loslassen kann, woran andere hängen, der ist wirklich frei. Gelassenheit war für die Mystiker des Mittelalters ein wichtiges Wort. Vor allem Meister Eckart spricht immer wieder von der Gelassenheit. Gelassen ist ein Mensch, der sein Ego losgelassen und sich in Gott hinein ergeben hat, der ruhig geworden ist in seinem Herzen, weil er sich in den göttlichen Grund hinein hat fallen lassen.

Gelassenheit meint in der Mystik die Befreiung des Menschen von seinem eigenen Ich, das Leerwerden von allen Sorgen und Ängsten um sich selbst, damit Gott in unserem Herzen geboren werden kann, damit wir in unserem Innersten unser wahres Wesen erkennen, den unverfälschten Personkern.

Gelassenheit als Haltung innerer Freiheit, innerer Ruhe, als gesunde Distanz zu dem, was von außen auf mich einströmt, was mich zu „besetzen“ und in Besitz zu nehmen droht, das ist nicht einfach eine Charakterhaltung. Sie kann auch eingeübt werden. Um zur Gelassenheit zu gelangen, muss ich vieles lassen ...

Wir sind oft genug abhängig von unserem Wohlstand, von Gewohnheiten, von Menschen. In einem Väterspruch erzählt uns ein Altvater in einem Bild, dass wir nur durch Loslassen genießen können. Ein Kind sieht in einem Glaskrug viele Nüsse. Es greift hinein und möchte möglichst viele herausholen. Aber die geballte Faust geht nicht mehr durch die enge Öffnung des Kruges. Du musst die Nüsse erst loslassen. Dann kannst Du sie einzeln herausnehmen und genießen.

Lassen ist keine asketische Leistung, die wir uns mühsam abringen müssen. Vielmehr kommt sie aus der Sehnsucht nach innerer Freiheit und aus der Ahnung, dass unser

Leben erst dann wirklich fruchtbar wird, wenn wir unabhängig und frei sind. Wenn wir nicht mehr abhängig sind von dem, was andere von uns denken und erwarten, wenn wir nicht mehr abhängig sind von der Anerkennung und Zuwendung von Menschen, dann kommen wir in Berührung mit unserem wahren Selbst.

Die Gelassenheit fordert aber auch ein Lassen von mir selbst. Ich soll mich selbst nicht festhalten, weder meine Sorgen, noch meine Ängste, noch meine depressiven Gefühle. Viele Menschen klammern sich an ihren Verletzungen fest. Sie können sie nicht lassen. Sie benutzen sie als Anklage gegen die Menschen, die sie verletzt haben. Aber damit verweigern sie letztlich das Leben. Wir sollen auch unsere Verletzungen und Kränkungen lassen ...

Wer sich selbst gelassen hat, der kann auch gelassen auf schlimme Nachrichten reagieren. Gelassen zu reagieren ist etwas anderes, als die Botschaft vom Tod eines

Menschen gefasst aufzunehmen. Gefasst zu sein ist Ausdruck einer inneren Disziplin. Obwohl der gefasste Mensch innerlich erschüttert ist, zeigt er seine Betroffenheit nicht nach außen. Er bewahrt die Haltung, er beherrscht sich selbst. Gelassenheit ist nicht Selbstbeherrschung. Der Gelassene braucht nicht Haltung zu bewahren, weil er einen andern Standpunkt hat, weil er von schlimmen Nachrichten gar nicht im Innersten getroffen wird. Weil er sich und seine Auffassung, wie sein Leben ablaufen sollte, gelassen hat, kann ihn nichts so leicht aus der Bahn werfen. Der Engel der Gelassenheit hilft ihm, alles, was er hört, aus der Distanz des Engels heraus zu betrachten. Das gibt ihm innere Freiheit und Weite ... Ich wünsche Dir, dass der Engel der Gelassenheit Dir hilft, in deinem Denken nicht allzu kopflastig zu sein und auch auf Dein Herz zu hören.

Anselm Grün

Ein großes Ja

Ja
noch ein Ja
ein großes Ja zur Welt
Ja
noch ein Ja
ein liebes Ja zum Menschen
Ja
noch ein Ja
ein geduldiges Ja zu mir
Ja
zum Schmerz, zur Vergangenheit
zu meinem Erbe, zum Kreuz
zu dem, was ich nicht ändern kann
ein schmerzliches Ja
Ja
zur Freude
zum Sprießen
zu allem, was lebt
ein leidenschaftliches Ja
Anton Rotzetter

Alles hat seine Zeit

Das Leben ist schön. Aber nicht immer geht es uns gut. „Klagen hat seine Zeit, Tanzen hat seine Zeit ... Suchen hat seine Zeit, Verlieren hat seine Zeit ... Schweigen hat seine Zeit, Reden hat seine Zeit ...“ Ein Jahrtausende alter Text aus der Bibel, der sich simpel anhört, aber eine tiefe Lebensweisheit zum Ausdruck bringt.

Im Leben geht nicht alles gleichzeitig. Da gibt es Zeiten, in denen wir trauern und klagen. Vielleicht, weil wir einen geliebten Menschen verloren haben. Oder weil etwas nicht stimmt in unserem Leben, wir eine Prüfung nicht bestanden haben, unglücklich verliebt sind, unseren Arbeitsplatz verloren haben. Das sind keine Situationen, die wir einfach übergehen können – oder sollten.

Das wird uns heute oft angeboten: Narkotisieren Sie sich doch mit Alkohol – besser klingt natürlich das ansprechende Motto aus der Werbung: „Sail away“. Oder: Fliehen Sie nach Mallorca, raus aus dem Alltag, weg von den Verpflichtungen und Verbindlichkeiten! Lasst uns doch alle abhauen?! –

Nein. Augen auf und zulassen, spüren, ernst nehmen. Zum Leben gehören Höhen und Tiefen.

Margot Käßmann

Hab keine Angst

Nichts soll dich ängstigen,
nichts dich erschrecken.
Alles geht vorüber.
Gott bleibt treu.
Alles erreicht der Geduldige.
Wer sich an Gott hält,
dem fehlt nichts.
Gott genügt.

Teresa von Ávila

Was ich dir wünsche an schweren Tagen

Guten Schlaf in jeder Nacht
und auch angenehme Träume,
Appetit am neuen Morgen
und ein Lächeln nur für dich.

Dass die Schmerzen dich nicht quälen,
dass die Angst dich nicht zerfrisst,
dass Verzweiflung dich nicht umwirft,
dass dein Freund dich nicht vergisst.

Gute Besserung natürlich
und Geduld noch bis dahin,
Grund zur Freude immer wieder,
Gelassenheit und Zuversicht.

Markus Tomberg

Krise oder Chance?

In der chinesischen Wortschrift bestehen die Wörter „Krise“ und „Chance“ jeweils aus zwei Schriftzeichen. Eines davon ist gleich, ist also sowohl im Wort „Krise“ als auch im Wort „Chance“ enthalten. Für die Chinesen ist klar: Krise und Chance haben ein gemeinsames Element.

Krisen erkennen wir; wir wissen, wie sie sich anfühlen. Chancen – erkennen wir auch sie? Dabei begegnen sie uns ständig – die Chancen unseres Lebens. Manchmal klar und deutlich. Dann aber wiederum derart versteckt, dass es uns eben nicht so ganz leicht fällt, sie zu erkennen.

Klar und deutlich zeigen sich Chancen, wenn sie zum Beispiel eine bewusste Entscheidung von uns verlangen. Wir erhalten eine Gelegenheit und müssen abwägen, ob wir zustimmen oder ablehnen. Wir stellen gegenüber: Was spricht dafür? Was dagegen?.

Wir fragen unser Inneres und beraten mit Menschen unseres Vertrauens. Wir bitten Gott um Weisung.

Versteckt und unterhalb der Oberfläche verhalten sich Chancen, die zunächst in eine ganz andere Richtung hindeuten. Verborgene Chancen fragen nicht konkret nach „Ja“ oder „Nein“. Sie fragen nicht: „Bist du bereit?“ Verborgene Chancen sind oftmals genau da zu finden, wo wir sie vielleicht am wenigsten vermuten würden – in schwierigen und belastenden Situationen und Ereignissen.

Wenn das Leben uns auffordert, zu lernen und innerlich zu wachsen, so geschieht dies in der Regel nicht mit einer Einladungskarte. Wenn das Leben uns einlädt, uns weiterzuentwickeln, über alte Muster hinauszuwachsen, so geschieht dies in der Regel durch entsprechende äußere Situationen, denen sich unser Inneres gegenübergestellt sieht. Nicht selten sind es Situationen der Unsicherheit, vielleicht der Angst, eben Zeiten der Krise.

Manchmal bieten Chancen uns Möglichkeiten, Gutes und Schönes zu erhalten und anzunehmen. In anderen Fällen geht es darum, Unangenehmes und Belastendes loszuwerden und endlich hinter uns zu lassen. Dazu haben wir in Zeiten der Krise und Verwirrung Gelegenheit. In solchen Zeiten sind wir nämlich besonders empfindsam und finden leichter Zugang zu den verschiedenen Anteilen unseres Seins. Da spüren wir ganz genau, was uns belastet, wovon wir uns endlich verabschieden möchten. Da spüren wir genau, was uns gut tut oder gut tun würde, was wir wirklich brauchen und ersehnen. In Zeiten der Krise fällt eine gewisse Bestandsaufnahme leichter. Sie hilft uns, unseren weiteren, besseren, glücklicheren Weg anzusteuern und zu planen.

Aber auch in den alltäglich vorkommenden unangenehmen Situationen, in denen wir am liebsten flüchten, vermeiden, verleugnen ... würden, bieten sich uns genügend Möglichkeiten der Neugestaltung. In jeder –

auch noch so banal scheinenden kleinen lästigen – Situation haben wir die Chance, die dahinter liegende Ursache Stück für Stück umzugestalten.

Chancen annehmen heißt immer auch: Veränderung anzunehmen, bei uns selbst, für unsere Beziehungen, in unserem Leben. Chancen gut und gerne anzunehmen fällt leichter, wenn sich mit den Chancen für uns auch gleichzeitig für unsere Umwelt Chancen ergeben. Mit anderen Worten: Was für mich gut ist, ist noch besser, wenn es auch für andere gut ist. Natürlich auch umgekehrt: Was für andere gut ist, ist noch besser, wenn es auch für mich gut ist. So oder so – Chancen des Glücks zu ergreifen ist immer gut, für mich, für andere, für alle, überall und jederzeit.

Ich ergreife die Chancen meines Lebens, die Chancen meines Glücks.

Sascha Veitl

Der Himmel ist nah

Auf meinem Lebensweg brauche ich Haltepunkte, an denen ich Bilanz ziehen kann, zurückschauen, prüfen, planen, mich orientieren, nach vorne blicken ... Ich brauche Freudenfeste genauso wie Trauertage. Ich brauche Krisenzeiten und besondere Erfolge. Ich brauche Feiertage zwischen den Alltagen, stille Tage und Vorbereitungstage, Tage des Kennenlernens und des Abschieds. Ich brauche Haltestellen, damit mein Leben kein Einheitsbrei wird und ich nicht nur mit den anderen mitschwimme – unfähig, selbst eine Richtung einzuhalten. Ich brauche die Haltepunkte, um stehen zu bleiben, Atem zu holen und neu anzufangen.

Es gibt Zeiten, in denen kommt es mir vor, ich würde durch die Hölle gehen: Ein geliebter Mensch stirbt, oder ich glaube, selbst dem Tod ganz nahe zu sein. Ich halte die Schmerzen nicht aus oder traue mich vor lauter Angst nicht mehr aus dem Haus. Ich mag mich selbst nicht mehr. Ich leide unter der Lieblosigkeit oder Brutalität meiner Mitmenschen.

Zum Glück geschieht das aber nicht oft. Zum Glück lebe ich meistens sehr gern. Zum Glück freue ich mich immer wieder meines Lebens. Zum Glück hält keine Enttäuschung und kein Schmerz auf Dauer an. Zum Glück überwinde ich irgendwann meine Angst. Zum Glück mag ich mich meistens und lerne immer wieder sehr liebevolle, freundliche Menschen kennen.

Manchmal kommt es mir sogar so vor, als würde mir der Himmel ganz nah sein. Ich erlebe, wie Menschen sich gegenseitig verzeihen. Ich erfahre von einer Welle der Hilfsbereitschaft. Ich spüre, wie der Mut in mir wächst. Und mir wird deutlich, wie sehr ich die Menschen und das Leben liebe.

Rainer Haak

Glück ist mehr als „positives Denken“

Positiv zu denken ist sicher hilfreich in vielen kleinen Alltagssituationen, und wo es hilft, sollte man es auch ruhig praktizieren. Manche Menschen schauen die Welt tatsächlich so konsequent aus einem negativen Blickwinkel an, dass es heilend sein kann, einmal die Perspektive zu wechseln. Das allereinfachste Beispiel ist das von dem Glas: Ist es schon halbleer oder noch halbvoll? Es mag einen neuen Zugang zu einer schmerzhaft erlebten Lebenssituation eröffnen, wenn ich mich fragen kann: Was habe ich daraus gelernt? – und eben nicht nur ins Jammern und Klagen komme. Ein Beinbruch kann zum Innehalten zwingen, die zwangsweise Ruhe kann neu ins Nachdenken bringen, ein Unfall kann einem den Wert des Lebens neu vergegenwärtigen.

Es gibt aber eine Variante des positiven Denkens, die nicht einlöst, was sie verspricht:

Die „amerikanische“ Version im Sinne von „alles ist machbar, wenn ich nur will!“ Und in ihren extremen Ausformungen des Machbarkeitswahns halte ich sie schlicht und ergreifend für unmenschlich und für unchristlich.

Und das aus einem ganz einfachen Grund: Sie versagt dort, wo wirklich das Leben des Menschen einbricht, sie trägt nicht mehr, wo man Situationen gegenübersteht, die einen so aus der Bahn werfen, dass man nicht mal mehr denken kann, geschweige denn positiv …

Leid, Katastrophe, Schmerz können nicht rational weggedacht oder gar positiv umgedeutet werden, sie müssen durchlebt und durchlitten werden. Trauer und Angst, Schmerz und Einsamkeit, Sinnlosigkeit und Chaos müssen im Durchleben verarbeitet werden, damit Neues werden und wachsen kann. Die Verdrängung und Negierung machen nicht heil, sondern unheil, sie können zu Krankheiten führen, körperlich und seelisch. Der Glaube an die Machbarkeit gaukelt etwas vor, was gar nicht gehen kann. Und er macht nur Stress, denn immer, wenn etwas nicht klappt, habe ich versagt und war nicht tüchtig und fleißig genug. Und dann hocke ich drin im tiefsten Dunkel und versage auch noch im positiven Denken.

Leid und Tränen, Schmerz und Einsamkeit, gehören zum Leben dazu – und es ist unmenschlich, sie nicht zuzulassen. Leben in Fülle ist nicht nur nett und schön, sondern Leben in all seiner Vielfalt, mit all dem, was menschenmöglich ist. „Wen Gott liebt, den züchtigt er!“ – ich habe mich lange gegen dieses Bibelwort gewehrt, das ich in meiner Kindheit oft zu hören bekam. Meine ganz persönliche Interpretation heute heißt:

Wen Gott liebt, den lässt er alles Menschenmögliche erleben – der wird nicht sterben, ohne das Lachen und die Tränen erlebt zu haben, die intensive Nähe zu einem anderen Menschen und die absolute Einsamkeit, Höhen und Tiefen. Wer von Gott geliebt wird, der kommt nicht unverletzt davon.

Ein positives Denken im „amerikanischen Sinne“ entwertet diese dunklen Lebenssituationen, verspricht eine Selbsterlösung, die gar nicht einlösbar ist, und hält den Fragen nicht stand, die ein Mensch in solchen Zeiten stellt. Mir erscheint ein Glaube an einen Gott, der in Jesus Christus zu uns „herunterkommt“, der mitten im Dunkel bei mir ist – und mir vielleicht gerade dann am nächsten ist – erheblich menschenfreundlicher als die unmenschliche Variante des positiven Denkens.

Dieser Gott beantwortet mir zwar auch nicht alle meine Fragen – aber er hält sie immerhin aus.

Andrea Schwarz

Gefährte meiner Nacht

Wenn die Finsternis
immer finsterer wird
und die Nacht uns zu verschlingen droht,
wollen wir dessen eingedenk sein,
dass Ostern anbrach,
als es Nacht war.

Wenn sich die dunkle Nacht
der Schwermut
einer eisernen Klammer gleich
um meine Seele legt
und alles Leben aus mir weicht,
lass mich in deine Hände fallen, Gott,
denn du bist meine Zuflucht
in der Nacht der Seele.

Alle Kraft ist dein:
die Kraft zu bergen
und zu trösten,

die Kraft aufzurichten
und zu heilen,
zu verwandeln
und zu erneuern,
lebendig zu machen
und Hoffnung zu wecken.

Du lässt es Tag werden in mir,
und im Morgengrauen
werde ich erkennen:
Du warst Gefährte meiner Nacht.

Antje S. Naegeli

5
Die Flügel der Seele

Wer lässt uns Glück erfahren?

Viele Menschen fragen:
„Wer lässt uns Glück erfahren?“
Herr, lass du über uns dein Angesicht leuchten!
Du erfüllst mein Herz mit Freude,
mehr, als andere haben
bei Weizen und Wein im Überfluss.

Weisheit der Bibel

Glück jenseits aller Erfahrung

„Theoretisch gibt es eine vollkommene Glücksmöglichkeit: An das Unzerstörbare in sich glauben und nicht zu ihm streben“ (Franz Kafka). Es ist ein eigenartiger Weg, den der jüdische Dichter Franz Kafka ... als Weg zum Glück beschreibt.

Auf der einen Seite sollen wir daran glauben, dass in uns das Unzerstörbare ist, dass in uns Gott wohnt. Aber wir sollen nicht zu ihm streben. Wir sollen darauf verzichten, diesen Gott in uns zu erreichen. Wir sollten an den Gott in uns glauben, ohne uns dem Druck auszusetzen, diesen Gott auch zu erfahren und zu spüren. Der Glaube, die Vorstellung von diesem Unzerstörbaren in uns, genügt schon. Die Vorstellung, dass Gott in mir wohnt und dass dort, wo Gott in mir wohnt, die Welt keine Macht über mich hat und niemand mich verletzen kann, genügt, um mich innerlich frei zu fühlen, um das Glück in mir zu finden ...

Gott ist in mir, auch wenn ich ihn nicht erfahre. Dieser Glaube an den unzerstörbaren Gott in mir schenkt das wahre Glück, das Glück jenseits aller Erfahrung, jenseits allen Glücksgefühls.

Anselm Grün

Das Glück der Stillen im Land

„Als er aber das Volk sah, ging er auf einen Berg und setzte sich; und seine Jünger traten zu ihm. Und er tat seinen Mund auf, lehrte sie und sprach: Selig sind, die da geistlich arm sind; denn ihrer ist das Himmelreich“ (Matthäus 5,1–3). Du liebe Zeit, selig die „geistlich Armen“! Wo kommen wir da hin? Es müssen doch die Besten, die Klugen, die Leistungsträger sein, die unsere Welt gestalten – und wohl auch das Himmelreich. Wen meint Jesus mit den geistlich Armen? Es geht um Menschen, die aufgrund ihrer Lebenssituation alles von Gott erwarten müssen. Sie sind ganz und gar auf Gott angewiesen. Und weil sie Gott die Treue halten, werden sie verspottet. Es sind, wie Julius Schniewind sagt, „die Stillen im Land“. Nicht wegen einer Gabe – wegen eines Mangels werden Menschen selig gepriesen! Die Verachteten, die am Rande. Das ist ein eklatanter Widerspruch zu den Kriterien unserer Leistungsgesellschaft.

Wenn neuere Übersetzungen das „selig“ mit „glücklich“ übersetzen, wird das noch offensichtlicher. Unsere Gesellschaft lebt nach dem Dogma: Geld und Erfolg machen glücklich. Jesus dagegen spricht denen Glück zu, die sich nur noch auf Gott verlassen. Diese Seligkeit meint aber noch etwas anderes als ein entleerter Glücksbegriff. Selig – das weist auf eine Balance, auf Lebensfülle und Gottesnähe.

Margot Käßmann

Glücklich alle, die wissen

Glücklich alle,
die wissen, dass ihr Leben ein Geschenk ist,
ganz und gar.

Glücklich alle,
die weinen und sich ihrer Tränen nicht
schämen.

Glücklich alle,
die ihre Stärke einsetzen zur Vergebung,
nicht zur Rache.

Glücklich alle,
die spüren, was ihnen selbst und anderen
fehlt.

Glücklich alle,
die weder urteilen noch verdammen,
weil sie sich erinnern, was sie selbst
empfangen haben.

Glücklich alle,
die nicht nach Lohn fragen, sondern dienen,
ohne zu heucheln.

Glücklich alle,
die Frieden stiften, auch wenn man es ihnen
nicht immer lohnt.

Glücklich alle,
die Undank und Missverständnisse ertragen,
weil ihnen am Glück der anderen gelegen ist.

Gott wird ihnen die Macht geben,
glücklich zu sein.

Weisheit der Bibel

Geschenk des Himmels

Wer möchte sich nicht von Herzen freuen? Wer möchte nicht, dass die Belastungen von ihm abfallen, dass er frei wird, befreit zum Leben. Was kann man da machen? Die Freude ist nicht zu machen (noch weniger als das Wetter). Man kann sie weder anderen noch sich selbst vormachen. Das wäre dann nichts als Mache, leicht zu durchschauen wie der Zweckoptimismus vieler Politiker. Man kann sie auch nicht verordnen wie beim Fototermin: „Bitte recht freundlich ..." „Nun lacht doch mal ..."

Die Freude kommt nicht auf Befehl, sie stellt sich ein. Sie macht sich von selbst bemerkbar, sie spricht für sich. Wer sich von ihr ergreifen lässt, der strahlt – wie die Sonne. Ein Geschenk des Himmels!

Ein junger Mann kommt zu einem Rabbi mit der Frage: „Was kann ich tun, um die Welt zu retten?" Der Weise antwortet: „So viel, wie du dazu beitragen kannst, dass morgen die Sonne aufgeht." – „Aber was nützen dann all meine Gebete und meine guten Taten, mein ganzes Engagement?", fragt der junge Mann. Darauf der Weise: „Sie helfen dir, wach zu sein, wenn die Sonne aufgeht."

So ist das mit Gottes Geist: wie ein Sonnenaufgang. Seine Strahlen sind „auf mir, denn der Herr hat mich gesalbt" (Jesaja 61,1). Wir können den Geist nicht machen, er ist auch kein Produkt der Kirche. Er ist ein Geschenk des Himmels, Gottes. Und ich stelle mir vor: Er umgibt mich wie Sonnenstrahlen, hell und warm. Er befreit zum Leben. Ich verfüge nicht über ihn. Er gehört mir nicht. Ich gehöre ihm. Er sieht mich, begleitet mich, ich bin ihm wichtig. Wage ich, davon auszugehen, dass mich die Kraft des Gottesgeistes belebt, erleuchtet, erwärmt?

Franz Kamphaus

Mögen die Regentropfen
sanft auf dein Haupt fallen.

Möge der weiche Wind
deinen Geist beleben.

Möge der sanfte Sonnenschein
dein Herz erleuchten.

Mögen die Lasten des Tages
leicht auf dir liegen.

Und möge unser Gott dich hüllen
in den Mantel seiner Liebe.

Irischer Segenswunsch

Das Glück des Alltags

Wir müssen immer wieder Gott bitten, mit der ganzen Kraft unseres Herzens: Gib mir das Licht und die Kraft, die Zeit, die ich jetzt habe, zu erkennen, so wie du willst, dass ich sie erkenne als das zu Tragende vielleicht, als das Langweilige vielleicht, als das Bittere vielleicht, als vielleicht die Stunde des Todes und des langsamen Sterbens, aber als deine Stunde und deine Gabe und als den Tag deines Heiles.

Wenn wir jeden Tag so anfangen würden, wenn wir jede Stunde annehmen würden aus der Hand Gottes, von dort, von wo sie wirklich kommt, wenn wir nicht klagen würden, wenn wir uns nicht wundreiben würden an der Situation, in die wir nun einmal hineingestellt sind, unentrinnbar, sondern wenn wir gläubig, demütig, in der Kraft des Geistes und in dem Licht des Herrn sagen würden: jetzt ist der Tag des Herrn, die Stunde des Heiles, der rechte

Augenblick, aus dem meine Ewigkeit hervorgehen kann, würden wir dann unser Leben nicht besser bestehen? Wären unsere Tage dann nicht – und selbst wenn sie menschlich leer und trostlos wären – gefüllter, lichter, größer, geräumiger und seliger von der geheimen Seligkeit, die der Christ selbst noch im Kreuz und in der Trostlosigkeit haben kann? Sagen wir uns mit dem Apostel: Sieh, jetzt ist die rechte Zeit, sieh, jetzt ist der Tag des Heiles.

Es kann sein, dass irgendeiner in einem verzichtenden Schweigen, das keiner bemerkt, in einem scheinbar „kleinen" Opfer plötzlich durch alle Mauern durchbricht, hinter denen bisher sein angstvoller Egoismus sich verschanzt hatte, und ausbricht in die Weiten Gottes.

So kann es sein, dass das Zwiebelchen, das man dem Armen über den Gartenzaun wirft, eine Sternenstunde ist, die kleine Güte, die wirklich vergisst, auf den Dank zu lauern, das Vergeben, das gar nicht merkt, dass es vergibt, ohne dass das Herz bitter wird, sondern den Schmerz des Sterbens still aushält. Ja, es gibt solche Sternenstunden. Aber man hat sie ja noch nicht, wenn man darüber redet. Und nicht jede Erfahrung ist eine angenommene, eine mit der letzten Kraft des Herzens ergriffene Erfahrung; man hat noch nicht die Fülle der Zeit und Ewigkeit in sein Herz hineingeborgen, wenn man einen kleinen Geschmack davon verkostet hat und groß über die kleine Probe philosophiert.

Und so bleibt die Frage: Hat sich schon eine solche Sternenstunde der Fülle meiner Zeit ereignet? – Törichte Frage. Man kann so eigentlich nicht fragen. Denn es nützte mir ja nichts, wenn ich von einem früheren Augenblick meines Lebens diese Aussage machen könnte. Das Frühere ist immer nur die Aufforderung, werden zu lassen, was geworden ist, und die Verheißung, dass auch jetzt gelinge, was schon einmal gelungen ist.

Karl Rahner

Glück durch Glauben

Glück ist weit mehr als schönes Erlebnis, Augenblicksüberraschung und Wohlgefühl. Und außerdem: Wer unter Glück nur nette Erlebnisse und Wohlgefühl, Genuss, Lustgewinn, „Happiness“ versteht, engt das Glück auf die Lichtseiten des Lebens ein. Die Schattenseiten bleiben ausgeblendet. Doch die müssen ebenfalls einbezogen werden, um richtig verstehen zu können, was Glück ist. Das heißt: Glück ist viel umfassender als das, was meist darunter verstanden wird. Glück, wahres, rundes Glück, ist erfülltes Leben ...

Es gibt ein Herz ewiger Liebe, das immer für mich schlägt und mir Kraft gibt. Es gibt ein Ohr, das offen ist für jede meiner Bitten und jeden meiner Seufzer vernimmt. Es gibt eine Hand, die mich auffängt und mich durch das Dunkel der Zeit hinführt ins Licht der Ewigkeit. Es gibt einen Heiland, einen Gott, den ich mit einem persönlichen „Du“ anreden kann, der mich selbst beim Namen ruft und mir liebevoll zugänglich ist. Ich kann mich ihm vertrauensvoll überlassen.

Er ist der feste Grund unter meinen Füßen, auch wenn ich aus eigener Schwäche oft ins Straucheln gerate. Er ist zwar der Ferne, der Ganz-Andere, aber zugleich der nahe Gott, nicht abgeschottet irgendwo über Sternen thronend, sondern treu bei mir in den Freuden und Nöten des Lebens, in der Disco, im Krankenzimmer, beim Feiern, bei der Arbeit oder im Prüfungsstress. Ich darf ihm blind vertrauen und mich darauf verlassen, dass seine Gedanken um mich nichts als Gedanken des Friedens und der Liebe sind und dass alles auf ein gutes Ziel hinausläuft ...

Gott ist nicht der „liebe" Gott (im Sinne eines naiv-lieben Typs), sondern der liebende Gott, solidarisch mit den Menschen. Ich brauche in den scheinbaren Ausweglosigkeiten des Lebens nicht zu erstarren, sondern kann mich vertrauensvoll immer wieder an den wenden, der mich durch dieses Erdenleben begleitet und mir in der Finsternis seine Wunder aufleuchten lässt. Ich kann ihn bitten, dass er mich in den Sturmwellen meines eigenen Lebens schützend umfasst, ja, dass er den Wellen Einhalt gebietet. Ich kann ihn bitten in den Nöten der Welt. Gott ist für mich da, ich darf und soll ihm meine Sorgen, aber auch meine Freuden anvertrauen, ich darf und soll ihn um seiner Größe und seiner Liebe willen loben.

Uli Heuel

„Hier sitze ich neben dir", sagte Gott zu seinem eifrigen Anhänger, „und du zerbrichst dir den Kopf weiter über mich, bemühst deine Zunge, um über mich zu reden, und Bücher, um über mich zu lesen. Wann wirst du endlich still und spürst mich?"

Anthony de Mello

Vom Flügel des Engels sanft berührt

In unsere menschliche Gebrochenheit, in unsere Verletzbarkeit, in unser Dunkel kommt das Licht, kommt die Kraft Gottes, liebt uns seine Liebe hin zu mehr Leben. Und das eben nicht nur grad so ganz allgemein, nein – sondern ganz persönlich. Da nimmt mich einer an die Hand und führt mich über Abgründe hinweg, da hält mich einer, bevor ich in die Tiefe stürze, da birgt mich einer unter seinen Flügeln. Mitten in meiner Gebrochenheit ist da einer, der sich ganz persönlich um mich bekümmert, mir nachgeht, mich trägt und hält. Man könnte auch Schutzengel dazu sagen ...

„Der Engel ist gleichsam der persönliche Gedanke, mit dem Gott mir zugewandt ist. Er ist das personhafte Gedenken Gottes an mich und so Ausdruck dafür, dass Gott auch um mich ganz unmittelbar bekümmert ist" (Joseph Kardinal Ratzinger).

Ja, ich glaube daran, dass Gottes Liebe ganz persönlich mich und dich und Sie meint. Ich glaube daran, dass seine Kraft und seine Macht in mein Leben hineinreichen – und dass dies seinen Ausdruck in meinem Schutzengel findet.

Auch mein Schutzengel wird mir nicht die Grenzen, die Tiefen und die Abgründe meines Lebens nehmen können – aber er nimmt mich an die Hand, er geht mit mir, er bewahrt mich und behütet mich.

Vom Flügel
des Engels
sanft berührt
wächst
der Mut
zum Leben

Andrea Schwarz

Ich träumte dich

Ich träumte dich von Kindheit an:
Ein Vater, der mich trägt und kennt.
Ich war noch nicht geborn in Schmerz,
du bargst in deinen Händen mich.

Wo bist du, da ich alt genug,
nicht weiß, was Halt mir geben kann?

Ich hab mir dich so vorgestellt:
Ein Mann, der seine Kinder trägt,
sie auf die Schultern hebt und singt
und weiß, dass sie untröstlich sind,
so trägst du mich und singst mir zu
und stimmst die Seele ein auf Glück

und lässt mich fallen in den Tod –
wie soll ich wissen, wer du bist?

Huub Oosterhuis

Begegne dem göttlichen Kind in dir

Begegne
dem göttlichen Kind in dir
jener Vertrauenskraft
die in dir mehr Raum möchte
um den eigenen Schreien
und dem Schreien nach Sinn
auf dieser Welt
nicht auszuweichen

Begegne
dem göttlichen Kind in dir
jener Liebeskraft
die dich in Schwingung bringt
damit du auch spielerisch
an einer zärtlicheren Welt
mitgestalten kannst

Pierre Stutz

Einübung ins Glück

Jeder Mensch – selbst wenn er seine Religion nicht praktiziert – hat das innere Verlangen nach einem andauernden Zustand, in dem er glücklich sein kann. Es ist eine Sehnsucht, die nicht durch Vergängliches erfüllt wird, sondern nur durch geistliches und ewiges Leben. Mitten im Alltag ist es möglich, geistliches Leben einzuüben.

Doch ganz ohne Leid ist das Leben in dieser Welt nicht vorstellbar, denn irgendwann muss der Mensch das Gut seiner Glückseligkeit, die Urstandsgnade, verloren haben. Viele suchen den Anfechtungen zu entfliehen anstatt ihnen zu widerstehen. Dadurch geraten sie nur noch tiefer in die Versuchungen hinein. Durch Flucht erreichen wir also das Gegenteil. Beständigkeit, Geduld und wahre Demut jedoch machen uns stärker als all unsere Feinde und lassen uns inneres Glück erfahren.

Es liegt nicht in der Natur des Menschen, das Kreuz gern und freiwillig anzunehmen, ja, sogar zu lieben. Wir möchten unbeschwert sein und sehnen uns nach einem dauerhaften glücklichen Zustand.

Hast du einen Menschen gefunden, auf den du dich verlassen kannst, darfst du dich glücklich schätzen. Wisse aber gleichzeitig, dass du dich auf den Herrn immer und in alle Ewigkeit verlassen kannst. Verlass dich nicht nur auf dich selbst, sondern setze dein Vertrauen auf Gott. Gib von dir aus das Beste, und Gott wird die Sache, die du begonnen hast, und dich selbst weiterführen.

Du kannst dich weiterhin glücklich schätzen, wenn du durch Christus eine Verbundenheit spürst zu der Wahrheit, die allem Sein zugrunde liegt und immer sein wird. Sie möchte dich lehren, dein Leben wahrhaftig zu leben. Orientiere dich daher nicht an flüchtigen Bildern und Worten, sondern richte dich täglich im Gebet und in allem, was du tust, auf Gott aus. Verhalte dich ihm gegenüber so, wie du bist: Freue dich, danke, seufze oder weine, wenn die Zeit dafür gekommen ist. Lebe auf ihn hin, dann wird auch deine Seele nach deinem Tod glücklich zu ihm gelangen.

Wie sehr darf sich jemand freuen und glücklich sein, der einen christlichen Meister des Gebetes gefunden hat, der ihm ins Herz spricht und dem er bedenkenlos und freudig folgen kann. Um auf dem geistlichen Weg zu bleiben, Fortschritte zu machen und das damit verbundene Glück zu bewahren, ist es ratsam, sich Menschen anzuschließen, die auf dem gleichen oder einem ähnlichen Weg sind.

Hast du das Glück, einem Kreis Gleichgesinnter anzugehören, so freue dich und sei dankbar. Du wirst gerade dann gehalten und getragen, wenn es dir nicht gut geht und du aussteigen möchtest. Wie viele Menschen kümmern sich um Dinge, die sie gar nichts angehen und die nur ihr Leben zerstören. Wenn es weit genug und tragfähig ist, nimm diese Unglücklichen in dein Herz auf und bete für sie.

Hast du zudem noch einen Gebetsweg gefunden, auf dem du von allen Hindernissen und Zerstreuungen befreit wirst, bedeutet dies ein weiteres Glück, das dir geschenkt wurde. Es besteht darin, durch innere Einkehr und das anschließende Gebet der Ruhe unser Gewissen entlastet und unsere Seele befreit zu haben. Gewohnheit wird durch Gewohnheit überwunden. Kannst du die Menschen lassen, so werden auch sie dich in Ruhe und das Deine tun lassen.

Das innere Gebet befreit dich von allen Abhängigkeiten und macht den Weg frei, sodass sich dir das allem zugrunde liegende Wesen, die Liebe Gottes, in Fülle offenbaren kann. Und du wirst häufig herzlich und seelisch glücklich sein.

Peter Dyckhoff

Möge freundlicher Sinn sich breiten
in deinen Augen,
anmutig und edel wie die Sonne,
die aus den Nebeln sich hebend
die ruhige See wärmt.

Möge der Weisheit entsprießen
dir jegliche Handlung,
herrlich und hoch wie der Weizen
eines guten gesegneten Jahres,
ohne Wurm, ohne Wühlmaus.

Irischer Segenswunsch

Vom Glück, sich selbst auszuhalten

Viele beklagen sich darüber, dass sie nicht still werden, wenn sie sich einmal Zeit nehmen für sich. Sie möchten ruhig werden, aber es tauchen ständig Gedanken auf. Sie möchten beten oder meditieren, aber sie werden von einer Flut von Gedanken überschwemmt. Die Mönche raten dann, diese Gedanken genauer anzuschauen. Ich muss mich erst den Gedanken zuwenden. Sie zeigen mir meine Probleme. Wenn ich die anschaue und sie vor Gott halte, komme ich langsam zur Ruhe. Dann erst kann ich wirklich beten.

Vielleicht taucht da der Ärger über einen Mitarbeiter auf. Ich kann versuchen, den Ärger zu klären. Aber wenn er trotz aller Meditationsversuche immer noch in mir ist, ist er vielleicht ein Ansporn, wirklich in der Realität etwas zu verändern. Ich kann auf diesen Menschen zugehen und mit ihm klären, was mich an ihm stört. Oder ich kann auf mehr Distanz gehen, damit der andere mich mit seinen Problemen nicht mehr infiziert. Vielleicht kommt in mir Traurigkeit hoch über all das, was ich nicht gelebt habe. Dann muss ich mich erst der Traurigkeit stellen, um durch sie hindurch zur Ruhe zu finden. Das kann sehr schmerzlich sein. Aber nur wenn ich durch den Schmerz hindurchgehe, werde ich zu wahrer Ruhe finden. Wenn ich meine Traurigkeit übergehe, wird sie mich immer wieder einholen oder sich in einer diffusen Unzufriedenheit und Unruhe ausdrücken.

Manche meinen, es seien völlig unwichtige Gedanken, die da in ihnen auftauchen und sie vom Beten oder von der Stille abhalten. Und sie haben den Eindruck, beim Beten komme nichts dabei heraus, es sei nutzlos. Aber dann wäre es eben wichtig, trotzdem diese oberflächlichen Gedanken wahrzunehmen. Das ist ja auch ein Teil von mir. Ich bin eben auch oberflächlich und banal. Ich hänge gerade an äußeren Dingen und könnte mich fragen, warum mir das alles so wichtig ist. Oder ich könnte mich fragen, wem ich mit meiner Oberflächlichkeit ausweiche. Vielleicht entdecke ich dann unterhalb der Oberfläche einiges, das mir nicht so angenehm ist. Vielleicht stoße ich auf mein eigentliches Problem.

Alles, was in der Stille in uns auftaucht, hat einen Sinn. Wir sollen es anschauen, ohne zu bewerten. Aber wir sollen damit ins Gespräch kommen, damit es uns sagen kann, wofür es steht. Manchmal ist die Unruhe ein Indiz dafür, dass diese Art von Meditation, die ich gerade übe, für mich gar nicht stimmt, dass ich sie mir nur übergestülpt habe. Dann zeigt mir die Unruhe, dass ich noch nicht am Ziel bin, dass ich noch anderswo weitersuchen muss, bis ich meine Form des Betens gefunden habe. Oder aber die Unruhe zeigt mir, dass da noch viele unerledigte Sachen in mir sind, die ich erst anschauen muss. Die völlig unwichtigen Gedanken, die immer wieder auftauchen, verdecken nur, was darunter an eigentlichen Problemen verborgen liegt. Vielleicht sind die oberflächlichen Gedanken nur der Deckel, den ich über meinen inneren Vulkan halte, weil ich Angst habe, diesen Vulkan anzuschauen.

Eine Frau beklagte sich immer wieder, dass ihr Beten nur Zeitverschwendung sei, weil sie an tausend nichtige Sachen denke. Sie wollte nach einem Trick suchen, um endlich konzentriert beten zu können, so beten zu können, dass es vor dem Urteil des eigenen Über-Ichs standhielt. Es dauerte lange, bis sie hinter den oberflächlichen Gedanken ihre wahren Bedürfnisse und ihr ungelebtes Leben anschauen konnte. Das hat sie am Beten gehindert. Und es war gut, dass sie es gehindert hat. Denn erst als sie die eigene Wahrheit anschaute, wurde ihr Beten echter und ihr Leben authentischer. Jetzt hat sie sich endlich von dem Korsett befreit, das sie sich auf ihrem spirituellen Weg übergestülpt hatte. Sie wollte ihre Unruhe loswerden. Aber sie musste sich erst mit ihr aussöhnen, damit sie auf einer tieferen Ebene die wahre Ruhe finden konnte. Die unruhigen Gedanken in sich gaben nicht viel her, um ihre eigentliche Problematik zu erkennen. Aber bei genauerem Hinschauen waren sie eben nur ein Schutz davor, dass die Trauer über ihr ungelebtes Leben nicht hochkommen konnte ...

Der größte Feind der Ruhe ist der Druck, den wir uns selbst setzen. Viele möchten frontal gegen ihre Unruhe kämpfen. Aber dann werden sie sie nie los. Sie möchten meditieren und die innere Ruhe genießen. Aber wenn sie dann spüren, was da alles in ihnen auftaucht, ärgern sie sich. Sie können sich selbst nicht aushalten. Oft genug geben sie dann den Versuch wieder auf, innerlich still zu werden. Sie wollen die Unruhe loswerden. Aber es geht nicht darum, sie loszuwerden, sonder sie loszulassen. Es werden immer wieder Gedanken auftauchen. Ich schaue sie an, ich lasse sie sein. Sie dürfen sein. Es darf alles sein, was in mir ist. Indem ich es sein lasse, kann ich zurücktreten, kann ich es dort lassen, wo es ist, in meinem Kopf. Aber mein Selbst ist dann nicht davon berührt. Ich schaue es an, lasse es zu, aber dann relativiere ich es, indem ich mir sage: Jetzt kümmere ich mich nicht mehr darum. Der Gedanke darf immer wieder auftauchen. Ich nehme ihn wahr und lasse ihn sein. Dann beunruhigt er mich nicht mehr. Das ist die Ruhe, die uns vergönnt ist.

Die absolute Ruhe, die viele auf Anhieb durch eine Meditationsmethode erreichen wollen, ist eine Stufe zu hoch für uns. Sie ist uns erst im Tod verheißen. Während wir leben, sind wir immer angefochten von vielen Gedanken und Emotionen. Indem wir sie dahinziehen lassen, bleiben wir trotzdem ruhig.

Unterhalb des Bewusstseins, in unserem Herzen, im eigentlichen Selbst, da hat die Unruhe keinen Zutritt.

Anselm Grün

Manchmal

Manchmal
wenn mich die Orgel
ruft
hat der Himmlische
lächelnd
Sterne gestreut

dann
bricht die Wüste
in Blüten
auf

dann
ist schon nahe
sein Reich

Ulrike Wolitz

Von der Sehnsucht nach Gold und Glück

Fast unbemerkt, so schreibt Ulrich Schaffer, verlaufe der Verlust der Sehnsucht. Der moderne Mensch sterbe sozusagen „aus der Sehnsucht heraus“ – wie ein Fisch aus dem Wasser: „Denn die Erfahrung in ihrer vergewaltigenden Stärke ist greif- und glaubbar; sie setzt der Sehnsucht ein Ende.“ Die Erfahrung spricht: Was nicht war, wird nie sein. Und die Vernünftigen glauben ihr. „Und doch, so Schaffer weiter, sei kein Verlust so groß wie der Verlust der Sehnsucht, denn in ihr begegneten sich Menschen und Gott. Wer die Sehnsucht verliere, verliere alles. Unsere Rettung liege allein „in der Kühnheit der Vision“, in dem sehnsüchtigen Wunsch nach Glück, Frieden und Seligkeit.

Die Gleichnisse des Neuen Testamentes greifen diesen Hunger nach Gold und Glück auf. Sie vergleichen das Himmelreich mit einem Schatz im Acker, mit einer besonders schönen Perle, mit einem Netz im Meer, mit dem Vorrat eines reichen Hausherrn. Und immer wieder bricht Sehnsucht durch: Der Schatzfinder verkauft sein ganzes Vermögen, um diesen einen Acker zu erwerben – mit dem verborgenen Schatz. Der Kaufmann veräußert alles, was er besitzt, um diese besonders edle und kostbare Perle zu bekommen. Beide Männer sind Suchende; sie hegen keinen größeren Wunsch, als in den Besitz des noch viel größeren, kostbareren Schatzes zu gelangen. Beide stehen für Sehnsüchte, die allen Menschen innewohnen. Beide sind Symbolfiguren für jene, die „höhere Werte“ suchen und Jenseitiges für wertvoller halten als Diesseitiges.

Diese Sehnsucht des Menschen nach dem Himmelreich, nach ewigem Leben, nach einem Dasein jenseits alles Irdischen ist unstillbar. So auch der Wunsch nach Frieden und Glück und Wohlergehen. Wer wie die Fischer seine Netze auslegt, wird Vielerlei und Unterschiedliches fangen. Wichtig ist, dass er die „guten Fische von den schlechten" scheidet, dass er, wie der reiche Hausherr, Neues und Altes aus seinem Vorrat hervorkramt. Leider lassen sich „Kunst und Krempel" oft nicht voneinander unterscheiden. Nur Fachleute wissen Bescheid. Sie trennen Wertvolles vom Tand.

Dass wir uns mühen, unsere Wünsche und Sehnsüchte nach den Maßstäben und Werten Gottes auszurichten, das ist die Kernbotschaft Jesu an uns. Das ist sein immer wiederkehrender Appell an die Jünger. Darum dreht sich all sein Mühen und Reden. Wer Gott von Herzen liebt, wird sein eigenes Verlangen und Sehnen einmünden lassen in ein jenseitiges. „Ich halte es für unmöglich", schreibt die heilige Teresa von Avila, „dass die Liebe sich damit begnügt, auf der Stelle zu treten."

Der Liebende wird nie aufhören, Schätze zu sammeln, die die Motten nicht fressen, die keinem Feuer zum Opfer fallen können, die von keiner Fäulnis verdorben werden. Der

Liebende bleibt stets auch ein Sehnsüchtiger – und ein Hörender, ein Gehorchender, ein Vertrauender. Er wird niemals aufhören, auf die Stimme Gottes zu lauschen. Er wird zeitlebens Gott suchen.

Wann immer wir spüren, dass uns „die Sehnsucht davonzulaufen droht", sollten wir innehalten. Wann immer wir aufhören, ins Jenseits zu träumen, lohnt die Frage, wo und in welche Richtung unser Herz denn wirklich schlägt.

Adalbert Ludwig Balling

Der Weg des Lebens

Wenn eine Blume stirbt,
wird ein Same geboren –

wenn ein Same stirbt,
wird eine Pflanze geboren.

Und das Leben
geht weiter seinen Weg,
stärker als der Tod.

René Juan Trossero

Der Segen der Erde,
der guten, der reichen Erde,
sei für dich da!

Weich sei die Erde dir,
wenn du auf ihr ruhst,
müde am Ende eines Tages.

Und leicht ruhe die Erde auf dir
am Ende des Lebens,
dass du sie schnell abschütteln kannst –
und auf und davon
auf deinem Wege zu Gott.

Irischer Segenswunsch

Lichtspur der Engel

einstimmen
ins Lob
voll Staunen
ob der Schöpfung

einschweigen
in die Stille
voll Ehrfurcht
ob des Lebens

einlieben
ins Sein
voll Liebe
ob des Geschaffen-Seins

einen Flügelschlag lang
ahnen
was Leben
ist

Andrea Schwarz

Inhaltsverzeichnis

Quellenhinweis

Dieses Buch wurde zusammengestellt aus folgenden Veröffentlichungen, die, soweit nicht anders angegeben, alle im Verlag Herder GmbH, Freiburg im Breisgau, erschienen sind.

Adalbert L. Balling, Das große Sonntagslesebuch, 2004.

Phil Bosmans, Ich hab dich gern, 2003.

Phil Bosmans, In dir liegt das Glück, 2004.

Phil Bosmans, Liebe wirkt täglich Wunder, [2]2003.

Phil Bosmans, Vergiss die Freude nicht, [4]2004.

Peter Dyckhoff, Auf dem Weg in die Nachfolge Christi. Geistlich leben nach Thomas von Kempen, 2004.

Anselm Grün, 50 Engel für das Jahr. Ein Inspirationsbuch. Herder Spektrum Taschenbuch, 2002.

Anselm Grün, Dem Alltag eine Seele geben, 2004.

Anselm Grün, Buch der Lebenskunst. Herausgegeben von Anton Lichtenauer, ²2002.

Anselm Grün, Das kleine Buch vom wahren Glück. Herder Spektrum Taschenbuch, ⁷2003.

Rainer Haak, Gras unter meinen Füßen. 366 gute Gedanken durch das Jahr, 2004.

Rainer Haak, So schmeckt das Leben. Meine besten Glücksrezepte, 2004.

Rainer Haak, Spuren zum Glück. Fröhlich und unbeschwert durchs Leben, 2001.

Rainer Haak, Zum Glück gehört die Leichtigkeit, 2004.

Uli Heuel, Woran Christen glauben. Das Kennenlern-Buch für Neugierige, ²2004

Ludger Hohn-Morisch (Hg.), Für jeden Tag ein Stück vom Glück. Ein Jahresbegleiter, 2004.

Franz Kamphaus, Wenn Gott in die Quere kommt. Worte zu Weihnachten. Herausgegeben von Hanno Heil, ³2001.

Margot Käßmann, Gut zu leben. Gedanken für jeden Tag. Herder Spektrum Taschenbuch, 2004.

Margot Käßmann/ Joachim Wanke (Hg.), Bei uns alle Tage. Das Matthäusevangelium als Jahresbegleiter, 2004.

Karl Lehmann, Von der besonderen Kunst, glücklich zu sein, 2006.

Anthony de Mello, Momente des Glücks, [4]2001.

Anthony de Mello: Wo das Glück zu Hause ist, 2001.

Antje S. Naegeli, Du hast mein Dunkelgeteilt. Gedanken an unerträglichen Tagen, [4]2004.

Philip Newell, Mit einem Fuß im Paradies. Die Stufen des Lebens im keltischen Christentum, 2003.

Henri J. M. Nouwen, Die innere Stimme der Liebe, [11]2005.

Henri J.M. Nouwen, Ich hörte auf die Stille. Sieben Monate im Trappistenkloster. Herder Spektrum Taschenbuch, 2004.

Huub Oosterhuis, Ich steh vor dir, 2004.

Karl Rahner/ Andreas Felger, Von der Gnade des Alltags, 2005.
Karl Rahner, Worte gläubiger Erfahrung, hg. von Alice Scherer, Neuausgabe 2009.
Anton Rotzetter, Beseeltes Leben. Spiritualität im Alltag, 2002.
Anton Rotzetter, Der Stern des Messias. Psalmbetrachtungen für Advent und Weihnachten, 2004.
Anton Rotzetter, Du Atem meines Lebens. Ausgewählte Gebete, 2005.
Ulrich Schaffer, Das Wunder liegt in dir. Wege zur Mitte, Herder Spektrum Taschenbuch, 2004.
Andrea Schwarz, Bunter Faden Zärtlichkeit, [2]2002.
Andrea Schwarz, Dem Leben entgegen. Gedanken auf dem Weg nach Ostern, 2003.
Andrea Schwarz, Entschieden zur Lebendigkeit, 1999.
Andrea Schwarz, Ich mag Gänseblümchen. Unaufdringliche Gedanken. Jubiläumsausgabe 2005.

Andrea Schwarz, Und jeden Tag mehr leben. Ein Jahreslesebuch, [2]2004.
Andrea Schwarz, Wenn Chaos Ordnung ist, 2003.
Dorothee Sölle, Wo Liebe ist, da ist Gott, 2004 © EMB Gisler, Luzern.
Christa Spilling-Nöker, Suche das Glück und finde dich selbst, 2002.
Pierre Stutz, Lebe, was dich glücklich macht! 2004.
Pierre Stutz, Meditationen zum Gelassenwerden, [3]2002.
Pierre Stutz: Unter dem Stern der Hoffnung. Meditationen in der Advents- und Weihnachtszeit, 2002.
Markus Thüer (Hg.), Möge der Regen sanft über deine Felder streichen. Irische Segensgebete, 2003.
Markus Tomberg, Was ich dir wünsche. Zur guten Besserung, 2003.
René Juan Trossero, Stärker als Trauer ist die Liebe. Ein Wegbegleiter, [2]2004.

Sascha Veitl, ABC des Glücks. Der eigenen Seele Gutes tun, 2004.
Bärbel Wartenberg-Potter (Hg.), Was tust du, fragt der Engel

Die Beiträge „Weisheit der Bibel“ verweisen auf folgende Bibelstellen:

S. 10: Jesus Sirach 14,14
S. 30: Hoheslied 8,7
S. 48: Weisheit 1,14
S. 70: Numeri / 4 Mose 6,24–26
S. 100: Psalm 4,7–9
S. 104: Matthäusevangelium 5,3–10

Kleine Momente des Glücks

Phil Bosmans
Mensch, ich hab dich gern
Band 7095

Dalai Lama
So einfach ist das Glück
Hg. von Karin Lichtenauer
Band 7031

Anselm Grün
Das kleine Buch vom wahren Glück
Hg. von Anton Lichtenauer
Band 7007

Tania Konnerth
Ich schenk mir heute Blumen
Die Kunst, sich selbst zu mögen
Band 7083

Tania Konnerth
Sonnenschein ein ganzes Jahr
Band 7117

Kleine Momente des Glücks

Sonnenschein an jedem Tag
365 gute Gedanken
Hg. von Tania Konnerth
Band 7028

Pierre Stutz
Sei gut mit deiner Seele
Band 7052

Pierre Stutz
Die Lebendigkeit der Seele entdecken
Band 7070

Pierre Stutz
Heilende Momente für die Seele
Band 7079

Pierre Stutz
50 Rituale für die Seele
Hg. von Andreas Baumeister
Band 7004

HERDER spektrum

Kleine Momente des Glücks

Anthony de Mello
Zeiten des Glücks
Geschichten für Herz und Seele
Hg. von Anton Lichtenauer
Band 7111

Schenk deiner Seele ein Lächeln
Worte, die gut tun
Hg. von Sylvia Müller und Ulrich Sander
Band 7112

Andrea Schwarz
Bunter Faden Leben
Mutmachtexte
Hg. von Ulrich Sander
Band 7110

Christa Spilling-Nöker
50 Zutaten zum Glück
Von A wie Apfel bis Z wie Zimt
Band 7109

Christa Spilling-Nöker
50 Zutaten zur Liebe
Band 7118

Leben – hier und jetzt

Thich Nhat Hanh
Jeden Augenblick genießen
Band 6091
Achtsamkeit ist der Schlüssel zu einem bewussten und erfüllten Leben.

Anselm Grün
50 Rituale für das Leben
Band 6264
Den Tag gestalten. Das Jahr erleben. Beziehungen vertiefen. Stress vermeiden. Das praktische Buch zur Gestaltung seiner eigenen Zeit.

Ute Lauterbach
Wie viel weniger ist mehr?
Band 6270
»Simplify« und »Weniger ist mehr«. Doch: Wie viel weniger ist mehr? Ute Lauterbach gibt Anwort, kurz, knapp und klar.

Dalai Lama
Das Leben tiefer verstehen
Erkenne dich selbst und lebe gelassener
Hg. von Jeffrey Hopkins
Band 6345
Selbsterkenntnis macht uns frei von Täuschungen, lässt uns die wahre Natur der Dinge erkennen und führt so zu einem bewussten Leben.

www.herder.de

Umschlaggestaltung und -konzeption:
R · M · E Eschlbeck/Hanel/Gober

Umschlagmotiv: © Designbüro gestaltungssaal

Herstellung: fgb · freiburger graphische betriebe
www.fgb.de

Gedruckt auf umweltfreundlichem,
chlorfrei gebleichtem Papier
Printed in Germany

ISBN 978-3-451-07119-5